Ursel Scheffler / Jutta Timm

Rufus hilft den Weihnachtsmännern

Ursel Scheffler

Rufus hilft den Weihnachtsmännern

Ein Weihnachtsabenteuer in 24 Kapiteln

Mit Illustrationen von Jutta Timm

Hase und Igel®

Dieses Buch erschien erstmals 1997 unter dem Titel „Rufus und die Weihnachtsmänner“
im Verlag Friedrich Oetinger, Hamburg.

www.hase-und-igel.de
Druck: Grafisches Centrum Cuno GmbH & Co. KG

ISBN 978-3-86760-191-7
1. Auflage 2015

Inhalt

1. Rufus Luft fällt aus den Wolken

An einem klaren Dezembernachmittag flog der Polarforscher Rufus Luft mit seinem Heißluftballon von Grönland aus nach Norden. Er verfolgte seit ein paar Minuten ein Rudel Rentiere, das an einer Stelle aufgetaucht war, an der es eigentlich gar keine Rentiere mehr gab.

„Komisch“, murmelte Rufus und sah angestrengt durch sein Fernglas. Zogen die nicht sogar einen Schlitten? Plötzlich tauchten aus heiterem Himmel Wolken auf und versperrten ihm die Sicht. Verwirrt starrte Rufus auf die Bordinstrumente. Die zeigten 33 km nördlich vom Nordpol an. Pah! Das gab es doch gar nicht. Rufus klopfte an den Kompass. Die Nadel drehte sich im Kreis. Noch ehe er Zeit hatte, darüber zu staunen, prallte der Ballon gegen eine Wolkenwand. Einer der Ballastsäcke, die an der Bordwand hingen, flog ihm gegen die Stirn. Vor seinen Augen drehte sich alles. Er hatte das Gefühl, in ein riesiges Loch zu fallen. Dann verlor er die Besinnung.

2. Rufus landet in Tomten

Als Rufus wieder zu sich kam, lag er im Schnee.

Zwei Männer in roten Schneeanzügen beugten sich über ihn.

„Wer seid ihr?“, fragte Rufus verwirrt.

„Der Weihnachtsmann!“, riefen die beiden wie aus einem Mund.

„Der Weihnachtsmann? Seh ich doppelt?“ Rufus wollte sich die Augen reiben. Aber das ging nicht. Er konnte seine Arme nicht bewegen. Die Jackenärmel waren so steif wie Regenrohre.

„Nein, du siehst wirklich zwei von uns. Einen großen und einen kleinen“, sagte der Größere.

„Einen dicken und einen dünnen“, rief der Dickere und lachte.

„Ich bin Klaas“, sagte der Dünne.

„Und ich bin Nickel“, stellte sich der Dicke vor.

„Und wir sind *nur zwei* von ganz vielen Weihnachtsmännern“, erklärte Klaas.

„Viele Weihnachtmänner?“ Rufus guckte verwundert von einem zum anderen. „Ich denke, es gibt nur *einen* Weihnachtsmann?“

„Das war einmal …“, sagte Klaas.

„Ist doch logisch: Weil es immer mehr Kinder gibt, brauchen wir jedes Jahr mehr Weihnachtsmänner“, sagte Nickel. „Deutsche, englische, finnische, französische, schwedische, amerikanische und sogar chinesische …“

„Du kannst dir sicher vorstellen, dass *ein* Weihnachtsmann allein nicht hundert Millionen Kinder mit Geschenken beliefern kann“, fügte Klaas hinzu.

„Leuchtet ein“, murmelte Rufus.

„Und die Weihnachtsmänner müssen eine Menge wissen und können. Deshalb gibt es Tomten. Es liegt da unten“, sagte Nickel und deutete auf ein verschneites Städtchen unten im Tal. „Dort werden die Weihnachtsmänner ausgebildet.“

„Tomten? Nie gehört. Wie komme ich nach Tomten?“ Rufus versuchte angestrengt, sich daran zu erinnern, was vor seinem Sturz aus den Wolken passiert war. Er schloss die Augen.

„He! Halt! Nicht einschlafen!“, rief Nickel und schüttelte ihn. „Erst wollen wir wissen, wie du heißt und wie du hierhergekommen bist!“

„Mein Name ist Rufus Luft. Ich war mit meinem Heißluftballon in der Nähe des Nordpols unterwegs und beobachtete gerade ein Rentiergespann, da stieß ich plötzlich gegen diese seltsame Wolkenwand." Rufus zeigte mit dem Kinn hinauf zum Himmel, wo noch das Loch in den Wolken zu sehen war, durch das er heruntergefallen sein musste. Er versuchte aufzustehen. Aber er konnte seine Beine nicht bewegen, denn auch seine Hosenbeine waren steif wie Betonröhren.

Nickel klopfte mit dem gekrümmten Zeigefinger dagegen. Es klang hohl. „Total gefroren", brummte er besorgt, „den müssen wir schnellstens wieder auftauen. Los, Klaas, du packst ihn vorne und ich hinten! Und hau ruck!"

Mit einem kräftigen Schwung wuchteten die beiden Rufus auf ihren Rentierschlitten.

„Eigentlich wollten wir ja mit unserem Schlitten Tannenbäume holen …", sagte Klaas und zurrte die Gurte fest.

Nickel guckte sich den festgezurrten Rufus an und sagte lachend: „Findest du nicht, dass unser steif gefrorener Freund fast wie ein zusammengebundener Tannenbaum aussieht?"

„Hüho!", rief Nickel und schnalzte mit der Zunge. Mit einem Ruck fuhr der Schlitten an. Klaas sprang hinten auf und hielt die Beine von Rufus fest, damit sie nicht so klapperten. So fuhren sie vorsichtig ins Tal hinunter. Rufus blieb nichts anderes übrig, als still und starr abzuwarten, was ihn am Ende seiner Talfahrt erwartete.

Das Bimmeln der Schlittenglocken lockte die Bewohner der Stadt aus den Häusern. Neugierig betrachteten sie den stocksteif gefrorenen Kerl, der bei Nickel und Klaas auf dem Schlitten lag.

„Wo habt ihr denn *den* aufgelesen?“, fragte der Bürgermeister, der gerade aus seiner Amtsstube kam und zum Mittagessen in die *Goldene Gans* gehen wollte.

„Er ist buchstäblich vom Himmel gefallen“, sagte Klaas, der jetzt neben dem Schlitten herlief. „Wir wollten Tannenbäume holen. Und da haben wir ihn gefunden. Halb erfroren!“

„Am besten bringt ihr ihn in die Backstube. Das ist unser wärmstes Plätzchen“, schlug der Bürgermeister vor. „Sagt dem Bäcker, er soll ein paar Schaufeln Kohle zulegen.“

„Machen wir“, versprachen Klaas und Nickel. Sie fuhren los.

Rufus versuchte immer wieder, den Kopf etwas zu heben. Aber sein Hals war so steif wie ein Eiszapfen. Deshalb konnte er nur sehen, was oberhalb seiner Nasenspitze vorbeiglitt. Die hübschen Giebel der Häuser zum Beispiel und die neugierigen Gesichter, die dem Schlitten aus Fenstern und Türen nachblickten.

Ein paar Kinder liefen neben dem Schlitten her und riefen: „Hallo, Eismann! Du bist ja ganz weiß, Mann!" Sie rannten zu den kleinen Buden und Läden rechts und links an der Straße, rissen die Türen auf und riefen hinein: „He! Kommt und schaut euch das an! Nickel und Klaas haben einen Mann im Eis gefunden! Einen Eismann mit Eisbart und Eisbeinen!"

Und so liefen die Leute an den Straßenrand und bestaunten Rufus wie einen seltenen Vogel.

3. Rufus taut auf und wird eingesackt

„Die Bäckerei ist in der Backpulverstraße. Das ist nicht weit“, meldete Nickel vom Kutschbock aus. „Gleich haben wir's geschafft!“

Ein wunderbarer Plätzchenduft zog durch die Luft.

„Ich kann die Backstube schon riechen“, sagte Rufus, dessen Nase aufzutauen begann.

„Und ich kann sie schon sehen“, sagte Klaas, als sie um die Ecke bogen.

„Es ist nicht nur ein warmes Plätzchen. Es duftet auch nach Plätzchen!“ Nickel lachte dröhnend und brachte das Schlittengespann vor einem roten Backsteinhaus zum Halten.

Der Bäcker Baltasar lud gerade einen Mehlsack auf seine Schultern. Klaas hielt ihn an der Schürze fest, deutete auf Rufus und sagte: „Der da ist halb gefroren, lieber Baltasar. Könntest du ihn bitte in deiner Backstube vorsichtig auftauen?“

„Kein Problem“, sagte Baltasar. „Kommt nur herein!“ Er schleppte den Mehlsack ins Haus, Nickel und Klaas folgten mit dem steif gefrorenen Rufus.

Ehe Rufus wusste, wie ihm geschah, wurde er wie ein Brotlaib in einen Backtrog gerollt und neben einen riesigen heißen Ofen geschoben.

„Bitte nicht *in* den Ofen!“, rief Rufus. „Oder wollt ihr mich backen?“

Baltasar schmunzelte. „Du liest wohl zu viele Märchen – oder zu viele Krimis.“

Als der stocksteife Rufus im Backtrog lag, schien auch das geschäftige Treiben in der Backstube für einen Augenblick einzufrieren. Wie gebannt starrten alle auf den seltsamen Gast, auch die Engel in ihren Bäckerkitteln, die mit dem Ausstechen und Bepinseln von Weihnachtsplätzchen beschäftigt waren.

Ein kleiner, besonders neugieriger Engel stieg auf einen Hocker, um ihn besser sehen zu können. „Ujeee!", rief er, als er den gefrorenen Rufus erblickte, und fiel vor Schreck in die Mehlkiste. Als er wieder auftauchte, war er von Kopf bis Fuß weiß wie ein Gespenst und fragte mit ausgestrecktem Finger: „Ist der tooooot?"

„Nur tiefgefroren", beruhigte ihn Nickel.

„Keine Angst. Der taut wieder auf", sagte Klaas. „Wir müssen nur etwas Geduld haben."

In Rufus' Nacken begann es zu knistern. Der Hemdkragen wurde weich. Jetzt konnte er den Kopf etwas heben. Neugierig sah er sich um.

Überall werkelten große und kleine Gestalten. Die Bäckergesellen hatten ihre Arbeit wieder aufgenommen. Sie kneteten Stollen, formten Lebkuchenmänner oder legten Plätzchen auf die Ofenbleche. Eine Seilbahn mit kleinen Körben lief quer durch den Raum. Auf der wurden die fertigen Backwaren abtransportiert. In einer Ecke wurden Schokoladen-Nikoläuse und Marzipanengel geformt. In einer anderen Weihnachtsglocken und Sterne in Goldpapier verpackt. Neben Rufus drehte sich der Knetarm einer riesigen Teigmaschine. Ein Zwerg, der mit einem dicken Kochbuch auf

den Knien auf einer Trittleiter hockte, verlas das Backrezept für Butterplätzchen.

☆ ***Tomtener Butterplätzchen*** ☆

2 Eimer Butter schaumig schlagen ☆ 3 Eimer Zucker darunterrühren ☆ nach und nach dazugeben: 60 Eier ☆ 1 Eimer geriebene Mandeln ☆ 6 Eimer Mehl ☆ 1 Schaufel Zimt ☆ 1 Schaufel geriebene Zitronenschalen ☆ 1 Spatenspitze gemahlene Nelken
Den Teig ausrollen und Sternchen ausstechen.
Bei 180 Grad 10 bis 15 Minuten backen.

(Wenn du das Rezept nachbacken möchtest, genügen 6 Eier und du musst statt Eimern Tassen, statt Schaufeln Teelöffel, statt Spatenspitzen Messerspitzen als Maß nehmen.)

Der Backzwerg war gerade damit beschäftigt, die sechzig Eier in die riesige Teigschüssel zu zählen, da begann es in Rufus' Händen und Füßen mächtig zu kribbeln. Vorsichtig bewegte er die Finger. Langsam streckte er die Arme nach oben und beugte sie.

„Seht doch: Er taut auf!", rief Nickel begeistert. „Jetzt tropft er schon!" Er deutete auf die Pfütze unter dem Backtrog.

Rufus wurde langsam ungeduldig und drängte: „Wann kann ich denn endlich hier raus?"

Da kippte Baltasar den Backtrog zur Seite. Klaas und Nickel rollten Rufus heraus. Er war noch ziemlich steif und die klatschnassen Kleider hingen an ihm wie an einer verregneten Vogelscheuche.

„Als Erstes brauchen wir trockene Klamotten für ihn", sagte Klaas. „Sonst holt er sich noch den Tod!"

„Kein Problem", brummte der Bäcker. „Gleich nebenan im Nadelstreifenweg ist doch Jeromes Schneiderei. Bis dahin schafft er es in einem Mehlsack!"

Er nahm einen leeren Sack und schnitt ein Loch in den Boden.

„Das ist für den Kopf", murmelte er. „Und jetzt brauchen wir noch zwei Löcher an der Seite, für seine Arme."

Noch etwas schwerfällig schälte sich Rufus aus seinen nassen Sachen. Baltasar stülpte ihm den Sack über den Kopf.

Als Rufus wieder zum Vorschein kam, waren seine Haare voller Mehlstaub.

Nickel streckte den Zeigefinger aus und rief lachend: „Siehst ja aus wie ein Schneemann!“

Klaas fegte mit einem Backpinsel die Mehlspuren aus Rufus’ Gesicht und sagte: „Mach dir nichts draus, Rufus. Wenn du erst neue Sachen zum Anziehen hast, dann geht es dir besser!“

„He, schlüpf doch in meine alten Pantoffeln“, schlug Baltasar vor und deutete auf ein paar Holzpantinen, die neben dem Backofen standen. „Draußen ist es lausig kalt.“

Das tat Rufus gerne. Und dann machten sich die drei auf den Weg zur Schneiderei.

4. Kleider machen Leute

Als der Rentierschlitten in den Nadelstreifenweg einbog, hörte man schon das Rattern der Nähmaschinen. Vor dem Haus Nummer sechs hing eine große goldene Schere.

„Brrr“, brachte Nickel den Schlitten zum Stehen.

„Da sind wir schon“, sagte Klaas und half Rufus beim Aussteigen.

„Ich bringe rasch den Schlitten weg. Es wird dunkel und wir brauchen ihn nicht mehr. Rufus kann jetzt selber laufen. Und meine Rentiere sind hungrig. Bin gleich wieder bei euch!“, rief Nickel.

Klaas klopfte an die Tür der Schneiderwerkstatt. Aber niemand antwortete.

„Komm“, sagte Klaas, öffnete die Tür und zog Rufus mit sich in die hell erleuchtete Werkstatt hinein. Dort summte und surrte es wie in einem Bienenstock. Endlich wurde ein kleiner Schneiderlehrling auf sie aufmerksam. Er kam auf sie zu und fragte nach ihren Wünschen.

„Wir müssen dringend Meister Jerome sprechen. Mein Freund braucht etwas zum Anziehen“, antwortete Klaas.

„Das sieht ja ein Blinder ohne Krückstock“, sagte der Junge mit einem Blick auf die nackten Arme und Beine von Rufus, die blass aus dem Mehlsack herausragten. Er lief fort, um den Meister zu holen.

Rufus sah sich neugierig in der riesigen Werkstatt um. Große und kleine, dicke und dürre Schneider hockten im Schneidersitz auf Tischen und Stühlen. Sie stichelten und

säumten. Sie nähten Knöpfe und Pelzbesätze an. Einige standen an großen Tischen und schnitten Stoffe zu, andere saßen an ratternden Nähmaschinen, andere bügelten und wieder andere probierten halb fertige Kleidungsstücke an Schneiderpuppen aus.

Es wurden nicht nur Kostüme für Weihnachtsmänner zugeschnitten und zusammengenäht, sondern auch Puppenkleider, Kasperlefiguren, Stofftiere, Babysachen, Engelshemden und Nikolausmäntel. In einer Ecke wurden sogar Kostüme für Weihnachtstheater und Krippenspiele genäht.

Endlich kam Jerome. Man roch ihn schon von Weitem. Er verwendete ein Rasierwasser, das nach Zimt und Muskat duftete.

„Total ooonmöglich. Wir können keinen Auftrag mehr annehmen", näselte Jerome. Er war stark verschnupft und tupfte seine Nase mit einem seidenen Taschentuch ab.

„Es ist dringend!", sagte Nickel und erklärte, was passiert war.

Jerome warf einen mitleidigen Blick auf den wandelnden Mehlsack und seufzte: „Ooonmöööglich! Wirklich ooonmööglich! Na ja, man ist ja kein Ooonmensch. Will sehen, was sich machen lässt." Er überlegte angestrengt und presste dabei den rechten ausgestreckten Zeigefinger mit dem

Seidentüchlein fest an die Nase: „Kann es auch ‚second-hand' – äh – ich meine: etwas Gebrauchtes sein?"

Rufus klapperte mit den Zähnen: „Alles, wa-wa-was wa-wa-wa-warm und trocken ist!"

Jerome schnippte mit den Fingern und winkte zwei Lehrlinge herbei. „Holt bitte sofort das Modell *Karibu* aus der letzten Kanada-Kollektion. Ihr wisst schon, das rote mit den falsch besetzten Ärmeln!"

Während die Lehrjungen losliefen, um das Gewünschte zu holen, kam endlich auch Nickel zurück. „So, unser Schlittengespann ist versorgt", sagte er zufrieden.

„Und Rufus hoffentlich auch bald", sagte Klaas.

Meister Jerome wurde inzwischen von seinen Gesellen umlagert. Alle redeten durcheinander.

„Ist dieses Stoffmuster richtig für die Schweiz?"

„Das Plaza-Hotel in Rom möchte den Rocksaum für seinen Weihnachtsmann kürzer!"

„Dürfen wir Pelzbesatz verwenden für Deutschland? Wegen der Tierschützer …"

„Wir brauchen noch zwei warme Kleider für Weihnachtsfrauen in Finnland und 360 Zipfelmützen für finnische Wichtel! Sie

frieren. Es ist brandeilig!“, rief ein Schneider mit dem Telefon in der Hand.

„Könnten Sie sich bitte rasch das coole neue Modell für die USA ansehen, das wir entworfen haben, Meister?“, drängelte ein anderer aufgeregt.

„Das Santa-Claus-Kostüm fül Li San in Wuhan wal viel zu gloß und muss dlingend umgetauscht welden!“, beklagte sich ein chinesischer Weihnachtsmann.

„Haben wir noch Boxershorts mit Tannenbäumen drauf für Waikiki / Hawaii?“, rief ein braun gebrannter junger Schneider in buntem Hemd und weißen Leinenhosen.

„Halt! Halt! Mir schwirrt der Kopf!“, rief Jerome genervt und hielt sich die Ohren zu. „Kommt alle zur Modenschau um elf in mein Atelier. Da werden wir diese Fragen klären.“

Jetzt kamen die Lehrjungen mit dem Modell *Karibu* zurück.

Es entpuppte sich als äußerst bequeme Dreiviertelhose mit Sweatshirt und gefüttertem Anorak.

„Alles in aktüellem Weihnachtsmann-Rot“, erklärte Jerome.

„Richtig bequem“, sagte Rufus zufrieden, als er damit auf und ab ging. „So fühle ich mich viel besser.“

„Passende Strömpfe bekommt ihr in der Wöndsockengasse“, bemerkte Jerome mit einem Blick auf Rufus’ nackte Füße, die in Holzpantinen steckten. Sein Blick wanderte zu Nickel, der graue Schafwollsocken trug. Jerome zog die linke Augenbraue hoch und sagte: „Grau ist mega-out, meine Froinde! Ton in Ton wäre natööörlich am schööönsten!“

5. In der Windsockengasse

In der Windsockengasse war eine Strumpfwerkstatt neben der anderen. Eines der Werkstattfenster stand offen und man hörte das Klappern der Strickmaschinen.

Hunderte von Socken hingen in den Schaufenstern, in die Rufus neugierig hineinsah. Auf manchen waren Sterne, Tannenbäume, Äpfel oder Weihnachtsengel aufgenäht.

„Weshalb machen sie so viele *bunte* Socken?“, fragte Rufus verwundert. „In den Stiefeln sieht man die hübschen Muster doch gar nicht!“

„Das sind Weihnachtssocken für die Länder, in denen die Kinder ihre Geschenke in Strümpfen an den Kamin oder ans Bett gehängt bekommen“, erklärte Klaas.

„Gute Idee, dafür neue Strümpfe und nicht getragene Socken zu nehmen, findest du nicht?“, kicherte Nickel. „Die könnten ja Löcher haben oder stinken!“

„Wo du recht hast, hast du recht“, sagte Klaas. „Ich weiß, du sprichst aus Erfahrung.“

Jetzt blieb Klaas vor einer der Werkstätten stehen und sagte: „Hier sind wir richtig! Hier hol ich meine Strümpfe auch immer! Sie sind aus bester Schafwolle!“

Sie betraten den Laden, vor dem eine holzgeschnitzte Heidschnucke mit einer echten Felldecke stand.

Finn Flitzer, ein winziger Wichtel im roten Overall, kam zwischen den Strumpfregalen hervor und bediente sie mit großer Freundlichkeit. Geduldig kletterte er immer wieder auf die Leiter und holte Karton um Karton vom Regal.

Rufus fiel die Wahl schwer.

„Und Ton in Ton hat der Meister gesagt“, erinnerte Nickel die Freunde und seine Augen blitzten vergnügt.

Gemeinsam wählten die drei schließlich die Kniestrümpfe aus, die farblich am besten zu Rufus’ Bundhosen passten.

„Hap-tw-tschi!“ Rufus nieste. „Darf ich sie gleich anziehen? Ich fürchte, ich hab mir eine Erkältung eingefangen!“

„Ist ja kein Wunder“, brummte Nickel und gab Rufus sein rot-weiß kariertes Taschentuch.

Rufus nahm es dankbar an. Dann setzte er sich auf einen Hocker und zog die Strümpfe an. „Jetzt fühle ich mich schon tausendmal besser“, sagte er und wackelte mit den Zehen in den Strümpfen hin und her. „Passen wunderbar – und sooo schön warm!“

„Mit warmen Füßen muss man nicht niesen“, sagte Finn Flitzer. „Das hat jedenfalls meine Großmutter immer gesagt!“

„Und mit warmen Ohren wird nicht gefroren“, sagte Nickel. „Wir sollten für Rufus auch eine Mütze mitnehmen!“

Rufus war alles recht, was warm war. Und so suchten sie auch noch eine rote Wollmütze für Rufus aus.

Als sie aus der Tür traten, trieb ihnen der Polarwind den Schnee ins Gesicht. Nickel sah mit zugekniffenen Augen in den Himmel. „Endlich das richtige Weihnachtswetter! Wird aber auch Zeit.“

„Ich glaube, wir sollten Rufus auch noch Stiefel verpassen“, sagte Klaas mit einem Blick auf die Holzpantoffeln, in denen Rufus über die glatte Straße schlitterte. „Da müssen wir allerdings zu Meister Scholte auf den Schusterberg hinauf. Der ist ganz schön steil. Schaffst du das, ohne aus den Pantinen zu kippen?“

„Na klar“, sagte Rufus großspurig. „Ich bin begeisterter Bergsteiger.“

6. Auf dem Schusterberg

Als Rufus mit seinen beiden Begleitern am Schusterberg ankam, merkte er schnell, dass er seine Kräfte gründlich überschätzt hatte. Durch seinen Unfall, das Einfrieren und Auftauen hatten seine Muskeln die gewohnte Beweglichkeit verloren. Außerdem rutschte er aus den viel zu großen Holzpantinen des Bäckers immer wieder rückwärts heraus.

„Holzlatschen sind eben keine Bergstiefel", brummte Nickel. „Bleib stehen, wir helfen dir!" Dann zog er vorne und Klaas schob hinten. So bekamen sie Rufus schließlich den glatten, steilen Berg zur Schusterwerkstatt hinauf.

Schuster Scholte war ein brummiger Alter, der nie seine Pfeife aus dem Mund legte. Auch nicht beim Reden.

„Nanana, wer kommt denn da hereingeschneit“, sagte er mit einem Blick über seine Brille.

„Das ist Rufus, lieber Scholte“, sagte Nickel. „Der braucht dringend ein Paar von deinen tollen Stiefeln.“

„Anmessen morgen in drei Tagen. Lieferzeit vier Wochen“, knurrte der Schuster und hämmerte verbissen auf einer Stiefelsohle herum.

„Das ist ein Notfall, lieber Scholte. Kannst du nicht mal eine Ausnahme machen?“, bat Nickel.

Scholte murmelte etwas Unverständliches.

„Da hängen doch Hunderte von Stiefeln herum“, sagte Klaas und deutete auf die Stiefelpaare, die in ordentlichen Reihen an langen Kleiderstangen von der Decke hingen.

„Vorbestellt. Alles vorbestellt!“, brummte der Schuster. „Vor Weihnachten läuft nichts mehr!“

Nickel beugte sich vor und sagte leise: „Er ist ein Gast! Da kann man doch mal helfen, oder? Was wird man von uns denken, wenn wir ihn so nach Hause schicken? Sieh ihn dir doch an!“ Und dann erzählte er, was alles passiert war.

Scholte sah ein, dass Rufus nicht länger in Baltasars Pantoffeln durch die Gegend schlittern konnte.

„Hmm, da fällt mir ein, ich hab noch ein paar Stiefel, die ich für mich gemacht habe. Die müssten ihm passen“, sagte der Alte plötzlich. Er warf einen abschätzenden Blick auf Rufus’ Holzpantinen und stand auf, um die Schuhe aus seiner Schlafkammer zu holen.

Scholtes Stiefel passten Rufus wie angegossen. „Danke!", sagte Rufus gerührt. „Vielen, vielen Dank. Wie kann ich das bloß wiedergutmachen?"

„Schreib mir eine Ansichtskarte, wenn du wieder zu Hause bist. Ich krieg so gerne Post aus fernen Ländern. Und – ich sammle Briefmarken aus aller Welt", sagte der Schuster und seine anfängliche Brummigkeit war wie weggeblasen.

„Das mach ich gerne", versprach Rufus.

Als die drei aus der Schusterwerkstatt kamen, hatte es aufgehört zu schneien.

„Was war das?", sagte Nickel erschrocken und blieb stehen.

„Klang wie ein Bär!", sagte Klaas. Er legte die Hand ans Ohr und sah hinüber ins Gebüsch neben dem Straßengraben.

„Das war mein Magen", sagte Rufus verlegen.

„Puh! Dass wir da nicht früher draufgekommen sind!", rief Nickel und schlug mit der flachen Hand vor seinen runden Bauch. „Du musst ja sterben vor Hunger!"

„Wir besorgen dir schleunigst etwas zu essen. Komm mit!", rief Klaas und zog Rufus mit sich fort.

„Das ist mir noch nie passiert: Ich hab vor lauter Aufregung sogar das Essen vergessen", brummte Nickel, dem man ansah, dass er kein Kostverächter war. Kopfschüttelnd trabte er hinter den beiden anderen her.

7. In der Goldenen Gans

Im Gasthaus *Zur Goldenen Gans* ging es hoch her. Rufus, Klaas und Nickel zogen Anoraks, Mützen und Handschuhe aus und rückten auf einer Eckbank zusammen. Sie bestellten eine heiße Suppe und das Tagesgericht. Es gab Nudelauflauf, dazu einen Teepunsch.

„Mhm, der wärmt", sagte Rufus, als er das dampfende Getränk probierte, das nach Apfelsinen, Zimt und Nelken duftete.

„Sind das alles Weihnachtsmänner?", fragte er leise und deutete in die Runde, in der lauter völlig normal gekleidete Leute saßen.

„Fast alles", antwortete Klaas. „Auch wenn man es ihnen jetzt nicht ansieht. Die rote Dienstkleidung tragen die meisten nur auf ihrer Weihnachtsreise. Sieh mich an!" Er zeigte auf sein tannengrünes Hemd. „Die Leute von Tomten haben das Jahr über ganz normale Berufe. Sie sind Tischler, Postbeamte, Schneider, Fischer, Lehrer, Bergsteiger, Bäckergesellen oder Kaminkehrer."

„Und was ist euer Beruf?", fragte Rufus neugierig.

„Ich bin Förster und kümmere mich darum, dass immer genug Tannen nachwachsen", sagte Klaas.

„Und ich bin Tierpfleger", sagte Nickel. „Ich versorge nicht nur unsere Schlittentiere, sondern auch die von anderen Weihnachtsmännern, die nicht so viel von Tieren verstehen wie ich."

„Ich habe auch zwei Berufe", sagte Rufus. „Im Hauptberuf bin ich Computerfachmann, damit verdiene ich das Geld für meine Reisen als Polarforscher."

Jetzt ging die Tür zur Gaststube auf und ein Windstoß blies eine Schneewolke und einen rundlichen Mann mit zwei kugelrunden Kindern herein.

„Das ist Bill mit seinen Zwillingen", sagte Nickel und deutete auf den Mann, der jetzt seine Kinder aus den dicken Felljacken schälte.

Als Rufus die Kinder sah, musste er plötzlich an seine eigene Familie denken. Für einen Augenblick sah er stumm in sein Glas.

„Was ist mit dir?", fragte Nickel. „Hat es dir die Sprache verschlagen?"

„Es ist nichts. Ich musste nur an zu Hause denken …", antwortete Rufus. „Ich glaube, ich hab ein bisschen Heimweh!"

Jetzt kam der Nudelauflauf, auf den sich alle drei mit Heißhunger stürzten. Als Nachtisch gab es Milchreis mit Pflaumenkompott.

Den letzten Löffel ließ Rufus in der Schüssel und sah zu Nickel und Klaas.

„Was ist denn schon wieder?", erkundigte sich Nickel. „Schmeckt es dir nicht?"

„Milchreis mit Pflaumenkompott! Das ist das Lieblingsessen von Max und Steffi."

„Und wer sind Max und Steffi?"

„Meine Kinder!", sagte Rufus.

„Und warum bist du traurig, wenn du von ihnen sprichst?"

„Sie machen sich jetzt bestimmt Sorgen um mich. Genau wie meine Frau Anne. Normalerweise melde ich mich alle paar Tage über Funk. Aber mein Funkgerät liegt irgendwo da oben in der Dunkelheit im Schnee."

„Ruf doch morgen von unserer Post aus an", riet Nickel. „Da gibt es ein rotes Telefon, von dem kann man umsonst in alle Welt telefonieren."

„Man muss allerdings die geheime Code-Nummer dafür kennen. Aber die verraten wir dir dann schon", sagte Klaas.

„Gute Idee!" Rufus war erleichtert.

„Oder schick eine E-Mail", sagte Klaas. „Du schreibst einfach, dass es dir gut geht, und musst nicht viel erklären."

„Ihr habt auch Internet?"

„Na klar. Wir Weihnachtsmänner leben schließlich nicht hinter dem Mond, sondern bloß hinter den Wolken", sagte Nickel und Rufus lachte.

„Ein Problem gibt es allerdings", sagte Klaas nachdenklich. „Du darfst ihnen nicht verraten, dass du bei uns bist. Du darfst überhaupt von allem, was du hier erlebst, niemandem etwas erzählen. Sonst bekommst du nie im Leben mehr auch nur das kleinste Weihnachtsgeschenk und du fliegst so schnell aus dem Weihnachtsland wieder heraus, wie du hereingefallen bist. Wer weiß, wo du dann landest. Vielleicht irgendwo in der Wüste. Alles, was mit Weihnachten zusammenhängt, ist nämlich streng geheim! Verstanden?"

„Verstanden", sagte Rufus und rieb sich nachdenklich die Augenbrauen. „Aber ich hab schließlich noch ein Problem: Wie komm ich wieder nach Hause?"

Klaas und Nickel sahen sich vielsagend an und Klaas brummte: „Darüber haben wir auch schon nachgedacht. Am besten auf dem gleichen Weg, auf dem du hierhergekommen bist: mit deinem Ballon. Das ist am unauffälligsten."

„Natürlich könnten wir dich auch als Weihnachtspaket verschicken oder in einem Sack bei dir zu Hause in den Kamin rutschen lassen. Aber das wäre ziemlich unbequem." Nickel strich über seinen Bauch und lachte.

„Mein Ballon hängt noch irgendwo dort oben zwischen den Tannen“, sagte Rufus. „Bestimmt ist er ziemlich zerrissen.“

„Dann werden wir ihn holen und eben wieder flicken“, versprach Klaas.

„Du siehst, bei uns gibt es keine Probleme. Bloß Lösungen“, sagte Nickel vergnügt. „Was du jetzt als Nächstes brauchst, ist ein Bett. Ich habe schon mit dem Wirt gesprochen. Er hat im ersten Stock eine Kammer für dich hergerichtet.“

Jetzt erst merkte Rufus, wie müde er war. Eine Viertelstunde später schon lag er in den Kissen.

„Gute Nacht“, sagten Klaas und Nickel von der Tür her.

Aber Rufus hörte es nicht mehr, weil er schon schlief.

8. Wo die Post abgeht

Am nächsten Morgen, als Rufus erwachte, schien die Sonne durchs Fenster. Seltsam, dachte Rufus nach einem Blick auf seine Uhr. Eigentlich dürfte sie jetzt gar nicht scheinen, es müsste um diese Zeit Polarnacht sein.

„Bei uns in Tomten gelten eigene Gesetze", sagte Nickel, als Rufus ihn beim Frühstück darauf ansprach. „Wir können doch schließlich nicht den ganzen Tag im Dunklen arbeiten. Da haben wir eine Sondergenehmigung von höchster Stelle für veränderte Sonnenzeiten."

Als sie nach dem Frühstück aus dem Gasthaus *Zur Goldenen Gans* traten, waren auf dem Platz vor dem Rathaus Marktstände aufgebaut.

„Hier kriegt man allen möglichen Schnickschnack, wie besonders hübschen Christbaumschmuck, Geschenkpapier und allerlei kleine Überraschungsgeschenke", sagte Klaas. „Schließlich kann nicht jeder Weihnachtsmann *alles* selber machen."

„Aber wir wollten doch zur Post", erinnerte Rufus seine beiden Begleiter.

„Sind schon auf dem Weg dahin", sagte Nickel. „Und danach haben wir noch eine Überraschung für dich!"

„Eine Überraschung?", fragte Rufus. „Was für eine?"

„Wenn wir das verraten, ist es keine mehr!", rief Klaas und rieb sich vergnügt die Hände. „Unser Land ist ein Überraschungsland. Du wirst dich noch wundern. Siehst du das kleine Denkmal mit dem Postillion da vorn? Da ist die Post."

Das Postamt sah von außen ganz klein aus. Aber innen war es riesig groß. Rufus kam aus dem Staunen nicht heraus. An zahllosen Schaltern wurden Pakete, Päckchen, Briefe und Postkarten adressiert, mit Briefmarken aus aller Herren Länder versehen und gestempelt.

„Dort hinten ist eine vollautomatische Sortieranlage. Da werden alle Sendungen nach Ländern und Postleitzahlen geordnet", erklärte Klaas. „Und über die große Rutschbahn am Ende der Halle gelangt alles in die Versandabteilung."

Sie blieben neugierig an einem Schreibtisch stehen. Dort ließ sich der oberste Briefbeantworter gerade den Mittelfinger verbinden, weil er vom vielen Schreiben Blasen bekommen hatte.

„Hier ist das rote Telefon", sagte Nickel und zog Rufus zu einer gläsernen Telefonzelle mit einer goldenen Türklinke. Klaas drückte ihm den Zettel mit der geheimen Code-Nummer in die Hand.

Rufus tippte die Zahl auf dem roten Telefon ein und bekam tatsächlich das Amtszeichen. Danach wählte er mehrfach seine Nummer.

13
15

„Immer besetzt“, sagte er enttäuscht. „Bestimmt führen Max oder Steffi wieder Dauergespräche mit ihren Freunden.“

„Dann schick doch eine E-Mail“, sagte Klaas. „Hier ist unser Computerraum.“

„Warum steht *Streng geheim* an der Tür?“, fragte Rufus neugierig, ehe sie den Raum betraten.

„Weil viele Wunschzettel per E-Mail kommen. Und Wünsche sind schließlich streng geheim. Datenschutz! Sie werden mit Sonderkurieren an die Wunschzettelzentrale weitergeleitet.“

Rufus stetzte sich an einen der vielen Computer im Raum und schrieb:

```
Liebe Anne, liebe Steffi, lieber Max,
musste wegen schlechten Wetters notlanden,
befinde mich in Sicherheit auf einer
Forschungsstation in der Nähe des Nordpols.
Ich erhole mich ein bisschen und flicke den
Ballon.
Bis Weihnachten bin ich wieder bei euch.
Liebe Grüße, Papa
```

„Hoffentlich stimmt das“, sagte Rufus und deutete auf die vorletzte Zeile.

„An uns soll es nicht liegen“, sagte Klaas. „Wir haben uns schon einiges ausgedacht.“ Aber etwas Genaueres wollte er noch nicht verraten.

9. In der Halbmondstraße

„Ich war in unserer Wetterstation“, sagte Klaas am Nachmittag. „Die Großwetterlage ist nicht besonders. Im Augenblick ist Ballonfahren eine stürmische Angelegenheit. Für die Weihnachtstage ist allerdings Wetterbesserung angesagt.“

Rufus seufzte. „Ehe ich überhaupt starten kann, müssten wir den Ballon finden.“

„Jetzt kommt die Überraschung: Wir haben heute in aller Frühe den Ballon geborgen. Und wenn du jetzt ganz schnell aus dem Fenster schaust, kannst du sehen, wie er zu unserer Reparaturwerkstatt in der Halbmondstraße gebracht wird“, sagte Nickel stolz.

„Donnerwetter!“ Rufus staunte, als er draußen zehn oder zwölf Wichtel in blauen Overalls vorbeilaufen sah, die eine riesige Ballonhülle hinter sich herschleppten. „Und eine Reparaturwerkstatt habt ihr auch?“

„Es gibt kaum etwas, was es bei uns nicht gibt“, sagte Klaas stolz. „Unsere Weihnachtsmänner und Nikoläuse sind schließlich mit den unterschiedlichsten Fahrzeugen unterwegs.“

„Ich muss mir meinen Ballon unbedingt ansehen!“, rief Rufus und sprang auf.

„Das haben wir uns gedacht“, sagten die beiden und sahen sich an. „Komm mit!“

„Und hinterher haben wir noch eine weitere Überraschung“, flüsterte Klaas.

„Noch eine? Und die wäre?“, fragte Rufus neugierig.

„Pssst! Wird nicht verraten.“ Nickel schmunzelte vergnügt.

„Ihr seid richtige Geheimniskrämer!“ Rufus lachte. „Aber ich kann warten.“

Die Halbmondstraße lag am Südrand von Tomten.

„Die heißt so, weil der erste Nikolaus aus der Türkei gekommen ist“, erklärte Klaas. „Und dort ist der Halbmond ein wichtiges Zeichen.“

Schlittenreparatur stand über dem Eingang der Werkshalle, zu der Rufus jetzt mit seinen beiden Begleitern hinüberging. In der Halle war es ziemlich laut. Es wurde gehämmert, geklopft, gelötet, geschweißt, geschraubt und geölt.

Die unterschiedlichsten Fahrzeuge standen herum. Da gab es alle möglichen Arten von Schlitten, aber auch Kähne, Motorräder, Helikopter, kleine Flugzeuge, Fahrräder, Surfbretter, Postautos, Kutschen und so weiter.

In einer Ecke lag ein schlaffer Sack: seine Ballonhülle! Die sah ziemlich mitgenommen aus. Rufus untersuchte den Stoff und entdeckte ein riesengroßes Loch.

„Kein Wunder – nach einer solchen Bruchlandung“, brummte Klaas.

„Der Ballon hing in den Tannenspitzen. Wir hatten Mühe, ihn herauszubekommen ...“

„... und der Flugkorb lag im Unterholz. Dort haben wir auch dein Fernglas, die Fliegermütze, den Proviantkorb, die Sandsäcke und einen Teddybären gefunden“, sagte Nickel.

„Der Teddybär ist von Steffi. Er sollte auf mich aufpassen“, sagte Rufus leise.

„Die Bordinstrumente sind jedenfalls alle in Ordnung, bis auf den Kompass ...“ Klaas deutete auf den etwas verbeulten, aber sonst unversehrten Korb.

Rufus strich mit der Hand über den Ballonkorb. Dann nahm er den Teddy, klopfte liebevoll die Schnee- und Eisreste aus seinem Pelz und dachte dabei voller Sehnsucht an Max und Steffi. Er legte den Teddy beiseite und besah sich dann den Schaden an der Ballonhülle noch einmal genauer.

„Das Loch sieht allerdings ziemlich bös aus“, seufzte er. „Da ist allerhand zu flicken, eh ich wieder nach Hause fliegen kann!“

„Keine Sorge. Das bringen unsere Leute alles in Ordnung. Nur nicht heute! Heute ist der 5. Dezember. Ein ziemlicher Stresstag“, sagte Klaas.

Schon in der nächsten Sekunde sollte Rufus erfahren, warum.

10. Sondereinsatz zum Nikolaustag

„Alle Nikoläuse fertig machen zur Probefahrt!“, rief ein bärtiger Mann und bimmelte mit einer riesigen Messingglocke.

„Das ist Mike, der Sondereinsatzleiter“, erklärte Klaas.

„Sieht wie ein Feuerwehrhauptmann aus“, fand Rufus.

Und wie die Feuerwehrleute stürmten die Nikoläuse jetzt aus fünf oder sechs Eingängen herbei. Einige rutschten an Stangen aus den höher liegenden Bereitschaftsräumen herunter. Fast jeder fand auf Anhieb seinen Schlitten und machte ihn startklar.

„Auf die Schlitten, fertig, los!“, rief Mike.

„Zickezackezickezacke hoi, hoi, hoi!“, antworteten die Nikoläuse im Chor. Dann stürmten sie los wie eine Basketballmannschaft.

Sie schoben in Windeseile ihre Schlitten über eine künstliche Schneepiste aus der Halle hinaus. In Trippelschritten

liefen sie neben den Schlitten her, bis diese die richtige Startgeschwindigkeit erreicht hatten. Dann sprangen sie auf.

„Wohin fahren sie jetzt?“, fragte Rufus.

„Zur Startrampe“, sagte Nickel. „Dort üben sie das Einspannen der Zugtiere. Morgen ist Abflugtag für die meisten Nikoläuse. Da muss alles klappen! Der Start und die Landung sind das Schwerste. Die müssen die Nikoläuse und ihre Zugtiere aus eigener Kraft schaffen. Dafür trainieren sie auch das ganze Jahr. Der Langstreckenflug ist dann ein Klacks.“

„Und was macht der Mann mit dem Turban dort auf dem Teppich?“ Rufus deutete auf einen Mann, der in der hinteren Ecke der Flughalle hockte und Flöte spielte.

„Das ist ein Weihnachtsmann, der auf seinem fliegenden Teppich bis Indien reisen muss. Eine Sonderbestellung für einen Sultanspalast“, sagte Klaas und Nickel flüsterte: „Psst!

Er muss sich sehr konzentrieren. Er braucht für den Start die ganze Kraft seiner Gedanken. Gleich hebt er ab."

Rufus sah mit Staunen, wie sich der Teppich zu den Klängen der Flöte langsam in die Luft hob und mit zarten Wellenbewegungen durch die Halle schwebte. Erst als der Teppich an Rufus vorbeiflog, bemerkte er die zwei dicken roten Kerzen, die wie Scheinwerfer vorn auf dem Teppich standen. Beim Klang der Flöte schienen sie sich schlangenförmig zu verbiegen.

„Gehen dem bis Indien nicht die Lieder aus?", fragte Rufus. „Oder die Lichter?"

„Mit Sicherheit nicht. Das hängt mit dem ganz besonderen Zauber der Weihnachtszeit zusammen", sagte Klaas. „Alle Weihnachtsmänner erreichen pünktlich und sicher ihren Einsatzort. Mit einer Ausnahme …"

„Und die wäre?"

„Wenn einer krank wird."

„Und was macht ihr dann?"

Klaas zuckte mit den Schultern und sah Nickel an. „Von den Weihnachtsmännern, die wir kennen, ist noch nie einer an Weihnachten krank gewesen", sagte Nickel. „Haptschi!"

„Pass auf, dass du keinen Schnupfen kriegst", sagte Rufus.

„Ich doch nicht", sagte Nickel. „Bin die Kerngesundheit in Person! Außerdem esse ich jeden Morgen drei Äpfel. Da sind viele Vitamine drin."

Der Hallenleiter sah auf die Uhr und murmelte: „Siebeneinhalb Minuten. Nicht schlecht. Könnte aber noch schneller gehen."

Dann kam er mit leicht gefurchter Stirn auf Rufus, Klaas und Nickel zu. „Was wollt ihr denn hier? Kann ich was für euch tun?“

„Ja, für unseren Freund Rufus. Er ist vom Himmel gefallen“, sagte Nickel.

„Bist du der Unglücksvogel mit der Bruchlandung, von dem alle reden? War schon gespannt auf dich. Ich hab mir deinen Ballon kurz angesehen. Um den zu flicken, brauchen wir Zeit. Heute und morgen geht es nicht. Außerdem müssen wir noch den richtigen Stoff besorgen. Also frühestens in zwei Wochen, Freunde!“

„Geht es nicht ein bisschen schneller?“, bat Rufus. „Ich habe Angst, dass ich sonst bis Weihnachten nicht nach Hause komme.“

„Tut mir leid. Vor Weihnachten eilt es allen“, brummte Mike. „Die Weihnachtsfahrzeuge gehen vor, das musst du einsehen. Dafür arbeiten wir schließlich das ganze Jahr. So! Jetzt muss ich rüber zu den Gespannen. Mal sehen, ob dort alles geklappt hat. Wollt ihr mitkommen?“

„Gern“, sagte Rufus und fügte dann mit einem Blick auf seine beiden Begleiter hinzu: „Das heißt, wenn es euch recht ist.“

„Gute Idee! Ich wollte sowieso nach meinen Rentieren sehen. Rudolf hat sich am Fuß verletzt“, sagte Nickel.

11. Das Training der Flugtiere

Mike bestieg einen kleinen feuerroten Landrover, der startbereit in der Flughalle stand.

„Steigt rasch auf!“, rief er. „Ich nehme euch mit! Dann könnt ihr vielleicht noch etwas vom Abflug der ersten Schicht mitbekommen.“

Aber leider kamen die vier zu spät. Sie sahen gerade noch drei der fliegenden Nikolausschlitten am Horizont verschwinden.

„Pech gehabt“, sagte Mike.

„Schade“, sagte Rufus. „Ich hätte so gern beim Start zugesehen!“

„Komm mit, dann zeige ich dir wenigstens den Stall“, sagte Nickel und zog Rufus mit sich fort. Die beiden anderen folgten ihnen.

Obwohl die meisten Nikoläuse fort waren, standen noch jede Menge Esel, Pferde, Ponys, Rentiere und sogar Kamele in den Boxen. „Die meisten brauchen wir erst an Weihnachten. Rentiere und Elche werden vor allem als Schlittentiere in Kanada, den USA und Skandinavien eingesetzt“, sagte Mike. „Es ist nicht einfach, ihnen das Fliegen beizubringen. Wir haben eine besondere Trainingsbahn für sie.“

„Sie lernen fliegen?“, fragte Rufus ungläubig. „Das würde ich zu gerne mal sehen.“

„Na, dann kommt mal mit!“, sagte Mike. „Vielleicht haben wir Glück und sie trainieren gerade.“

Und diesmal hatten sie Glück. Es war gerade Flugtrainingsstunde. Zwei Elche mit Sicherheitsflügeln standen wie Flugdrachensegler abwartend an einem Steilhang. Auf ein bestimmtes Kommando hin hielten sie die Luft an und warfen sich mit ausgestreckten Beinen in den Wind.

„Das hätte ich nie für möglich gehalten", sagte Rufus und kratzte sich hinter dem Ohr. „Die fliegen ja wirklich!"

Nickel sah Rufus an und lachte: „Was hast du denn gedacht? Dass Elche schwimmen?“

„Das können sie übrigens auch“, mischte sich Klaas ein.

„Da drüben ist mein Chef“, sagte Nickel. „Er heißt Fedor und redet russisch mit den Tieren. Er behauptet, das verstehen sie besser. Vielleicht hat er recht. Jedenfalls gehorchen sie ihm aufs Wort.“

„Du musst gegen den Wind starten!“, rief Mike, als ein junges Rentier nach dem Start auf die Nase fiel.

Nickel ging zu Fedor hinüber und machte ihn mit Rufus bekannt.

Jetzt kam ein Känguru angerannt, an dem rechts und links ein buntes Luftkissen baumelte.

„Wir lassen die Anfänger mit Luftkissen oder Hilfssegeln starten, damit sie ein Gefühl für die Tragfähigkeit der Luft bekommen“, erklärte Fedor.

Besonders komisch sahen die Flugversuche eines Kamels aus, das nach dem Start ängstlich mit den Beinen in der Luft ruderte.

„Bistro! Bistro! Bistro!“, rief Fedor.

„Soll es belegte Brote holen? Fliegt es in ein Bistro?“, erkundigte sich Rufus und lachte.

„Nein, das ist russisch und heißt ‚schnell, schnell, schnell‘ “, erklärte Fedor. „Wir brauchen dieses Kamel für Spanien. Es heißt Melchior und muss noch ganz schön trainieren, sonst kriegt es bis Weihnachten den richtigen Start nicht hin.“

„Unglaublich!“, rief Rufus. „Jetzt fliegt sogar ein Elefant!“ Er deutete mit der ausgestreckten Hand zum Steilhang.

Fedor lachte. „Das ist unser Kaspar. Ein Musterschüler. Der fiel letzte Woche noch dauernd auf den Rüssel. Er brauchte Notsegel und Baldriantropfen, damit er die Angst vor dem Fliegen verlor. Jetzt hat er schon über hundert Flugstunden hinter sich und fliegt wie ein Adler."

„Eher wie ein Brummer", bemerkte Nickel, der jetzt zwischen Klaas und Rufus getreten war.

Klaas stieß Nickel augenzwinkernd in die Seite und sagte: „Da sieht man, was ordentliches Training ausmacht!"

„Tja, richtig! Training", erinnerte sich Nickel und zwinkerte Klaas zu. „Wir wollten Rufus ja jetzt eine Trainingsstunde verpassen!"

„Sagt bloß, ihr wollt mir das Fliegen mit Notsegeln beibringen?", rief Rufus erschrocken.

„Das nicht gerade. Aber wir finden, du musst schnellstens etwas für deine Gesundheit tun, damit du die Rückreise gut überstehst." Klaas hakte Rufus unter und zog ihn mit sich fort. Nickel lief neben ihnen her und sagte: „Du musst topfit sein, Junge! Damit du gegen das schlechte Wetter ankämpfen kannst, das dir bevorsteht."

„Wohin geht ihr mit mir? In die Apotheke?"

„Nein, in unsere Fitnesshalle!", kicherte Nickel und dann liefen die beiden mit Rufus auf eine große Turnhalle zu, die zwischen Bäumen versteckt unterhalb des Tannenwaldes lag.

12. Fassadenkletterer und Kaminrutscher

„Wozu braucht ihr eine Fitnesshalle?“, fragte Rufus, als sie die Halle betraten. „Habt ihr Zeit für Bodybuilding?“

Nickel lachte verschmitzt. „Wundert dich das? Weihnachtsmänner müssen schließlich topfit sein. Es ist ein anstrengender Beruf!“

„Von uns werden beim Start und bei der Landung Höchstleistungen gefordert. Wir müssen auf Hochhausdächer oder in Kamine klettern. Das muss ordentlich trainiert werden, damit kein Unglück passiert“, sagte Klaas.

Rufus fielen vor Staunen fast die Augen aus dem Kopf, als er die Halle betrat. Was er sah, war das modernste Bodybuilding-Zentrum, das man sich vorstellen konnte. Neben den üblichen Geräten wie Trimmrädern, Ruderapparaten und Gewichthebemaschinen gab es auch Sonderanfertigungen für Weihnachtsmänner, wie zum Beispiel Kletterschlote oder Feuerleitern.

An der Rückseite der Halle trainierte ein junger Mann in Lederhosen mit Seil und Haken an einer Kletterwand.

„Das soll ein Weihnachtsmann sein?“, fragte Rufus.

„Das ist Sepp. Der beliefert die Alpendörfer“, erklärte Nickel.

„Ein super Weihnachtsmann“, ergänzte Klaas. „Du solltest ihn sehen, wenn er Kostüm trägt und seinen Rauschebart umgebunden hat.“

In der Mitte der Halle hing ein Helikopter wie ein Kronleuchter an der Decke. Dort übten zwei Jung-Weihnachtsmänner das Abseilen. Rechts davon versuchte einer, durch einen engen, rußigen Kamin zu klettern.

„Unser Andy ist für England zuständig. Leider bleibt er fast immer stecken, wenn er durch den Kamin rutschen soll“, kicherte Nickel. „Er muss entweder fasten oder ein anderes Land übernehmen, in dem er seine Päckchen an der Haustür abgeben kann!“

„Geh rasch dort hinüber, Rufus“, sagte Klaas. „Das Rudergerät ist gerade frei. Auf dem übt normalerweise John. Der beliefert die abgelegenen Häuser an den kanadischen Seen.“

„Los, fang schon an“, ermunterte ihn Nickel und schob ihn auf die Ruderbank.

Rufus begann zaghaft zu rudern. Erst war es sehr mühsam. Aber nach und nach erhöhte er die Schlagzahl und spürte, wie seine Muskeln warm wurden und die gewohnte Kraft wieder in seinen Körper zurückkehrte. Er ruderte, bis er völlig außer Puste war. Dann ging er unter die Dusche und anschließend in die Sauna. Hinterher kraulte er hundert Bahnen im Schwimmbecken. Danach trocknete er sich ab und sank total erschöpft auf einen Hocker.

TOMTE

Nickel und Klaas hatten Rufus sich selbst überlassen. Nickel kam als Erster zurück. Er haute Rufus mit seiner kräftigen Pranke anerkennend auf die Schulter und sagte: „Das hast du wirklich gut gemacht! In ein paar Tagen bist du fit wie ein Turnschuh, alter Junge!"

„Jetzt hab ich aber unheimlich Durst", sagte Rufus.

„Das kommt vom Schwitzen, du Schnarchtasse!" Nickel lachte dröhnend und holte einen Humpen Buttermilch aus dem Kühlschrank. Gut gelaunt setzten sich die beiden auf die Bank vor der Sauna und tranken.

„Weißt du, warum Weihnachtsmänner einen so langen Bart haben?", fragte Nickel und stieß Rufus zwinkernd mit dem Ellbogen in die Seite.

Rufus schüttelte den Kopf. „Nein, warum?"

„Damit sie nicht nackig in die Sauna müssen! Höhöhö!"

„Ein Witz mit Bart, hahaha. Ganz schön albern!", sagte Rufus und ließ sich von Nickels Fröhlichkeit anstecken.

Plötzlich kam Klaas hereingestürmt und rief: „Morgen sind wir beim Bürgermeister eingeladen. Er möchte Rufus unbedingt näher kennenlernen."

„Welche Ehre“, sagte Rufus. „Was will er von mir?“

„Er möchte ein bisschen mehr über dich erfahren“, sagte Klaas.

„Ich bin gespannt. Bei unserer ersten Begegnung habe ich ja nicht viel von ihm gesehen. Nur einen großen, langen Bart.“

„Langer Bart, hihihi“, kicherte Nickel und stieß Rufus in die Seite. „Jetzt weißt du, wofür er gut ist!“ Rufus musste lachen, ob er wollte oder nicht.

„Was ist los mit euch?“, wollte Klaas wissen.

„Oh, nichts. Ich hab Rufus nur einen Witz mit Bart erzählt.“

Rufus und Nickel sahen sich an und prusteten wieder los.

„Ihr seid ganz schön albern“, sagte Klaas.

„Wir müssen unserem Bürgermeister unbedingt erzählen, was Rufus für Fortschritte gemacht hat“, sagte Nickel, als er sich wieder etwas beruhigt hatte. „Stell dir vor, Klaas, Rufus kommt beim Turnen mit dem großen Zeh bis an die Nasenspitze.“

„Ist das so schwer?“, fragte Klaas.

„Probier's doch!“, sagte Nickel.

Klaas versuchte es. Als er dabei umfiel, fielen Rufus und Nickel auch fast um vor Lachen.

„Ihr Quatschköpfe!“, sagte Klaas gekränkt und rappelte sich wieder hoch. „Seid ihr beschwipst? Was trinkt ihr denn da?“

„Buttermilch!“, sagten Rufus und Nickel wie aus einem Mund und mussten wieder lachen. Ohne Grund. Oder einfach nur deshalb, weil sie froh und zufrieden waren.

13. Rufus lernt eine Menge dazu

Als Rufus mit seinen beiden Freunden aus der Fitnesshalle kam, lief eine Gruppe von Schulkindern mit roten Zipfelmützen über die schneebedeckte Straße.

Rufus sah ihnen überrascht nach. „Müssen die auch nachmittags in die Schule?“

„Na klar. Die müssen eine Menge lernen“, sagte Klaas. „Nicht nur hier in der Schule. Sondern auch in den Werkstätten und Betrieben.“

„Aber für Weihnachtsmänner sind sie doch noch zu klein“, sagte Rufus.

„Jung gewohnt, alt getan“, erklärte Klaas. „Mit der Ausbildung zum Weihnachtsmann kann man nicht früh genug anfangen.“

„Es scheint ihnen ja auch Spaß zu machen“, sagte Rufus.

Auf dem Schulhof tobten große und kleine Kinder ausgelassen im Schnee herum. Rufus blieb eine Weile stehen und sah ihnen beim Klettern und Herumturnen zu.

„Die kommen bestimmt mit dem Zeh bis an die Nasenspitze!“, staunte Rufus.

„Es genügt nicht, dass sie körperlich fit sind. Sie brauchen auch Köpfchen und müssen eine Menge lernen“, sagte Klaas.

Rufus wurde neugierig. „Was denn zum Beispiel?“

„Zukünftige Weihnachtsmänner müssen mehr können als lesen, rechnen und schreiben! Sie müssen fremde Sprachen lernen und sich in allen Ländern der Welt zurechtfinden“, erläuterte Klaas.

„Er meint Geografie", sagte Nickel und zwinkerte.

„Und Völkerkunde", brummte Klaas. „Leute, die glauben, dass in Indien die Indianer leben, dass Nepal eine Stadt in Italien ist oder dass alle Hamburger essbar sind, können wir natürlich nicht brauchen. Ein Weihnachtsmann muss über Land und Leute genauestens Bescheid wissen, wenn er ein Land betreut."

„Ich verstehe", sagte Rufus. „Weihnachten wird schließlich in jedem Land der Welt anders gefeiert. Aber was machen die Mädchen hier?"

„In manchen Ländern, zum Beispiel in Finnland, hat der Weihnachtsmann eine Weihnachtsfrau", erklärte Nickel.

„Manche der Mädchen machen auch eine Spezialausbildung zum Weihnachtsengel mit, und für den Christkindlmarkt in Nürnberg brauchen wir jedes Jahr ein Christkind."

„Das Schwerste, was wir lernen müssen", unterbrach Nickel seinen Freund, „ist das *richtige Schenken*. Sonst bringt einen die Umtauscherei nach Weihnachten zur Verzweiflung!"

„Dazu gehört natürlich auch das Wünscheausforschen", ergänzte Klaas. „Über das richtige Weihnachtsgeschenk macht sich ein guter Weihnachtsmann schon das ganze Jahr über Gedanken."

„Wünscheausforschen, wie macht man das?", wollte Rufus wissen.

„Wir Weihnachtsmänner haben da unsere geheimen Möglichkeiten", sagte Klaas. „Vielleicht können wir dir später mehr darüber erzählen."

„Normale Menschen haben es da leichter", sagte Nickel. „Ihr lebt ja mitten unter den Leuten, die ihr beschenken wollt. Da muss man nur Augen und Ohren offen halten und erfährt leicht, womit man Großen und Kleinen, Verwandten oder Freunden eine Freude machen kann."

„Wenn das so einfach wäre", sagte Rufus. „Ich hab da immer so meine Probleme …"

In diesem Augenblick klingelte es. Die Pause war zu Ende.

„Darf ich …", begann Rufus.

Aber Nickel war im Wünscheraten ausgebildet. „Jaja, ich weiß, was du dir wünschst. Ich wollte es dir gerade selbst vorschlagen: Sehen wir uns doch mal die Weihnachtsschule von innen an!"

14. Die Weihnachtsschule

Im ersten Klassenzimmer gerieten sie in eine Geografiestunde. Die Schüler wussten erstaunlich viel. Auf die Frage, wie man am schnellsten vom Nordpol nach Timbuktu oder Poppenbüttel kam, hätte Rufus keine Antwort gewusst. Und dabei war er schon weit in der Welt herumgekommen.

Im nächsten Raum wurde Weihnachtskunde gelehrt.

„Siehst du die Bilder an der Wand?“, fragte Klaas und schob Rufus zu dem Glasfenster in der Tür. Jetzt konnte er die Schautafeln sehen, die an langen Holzleisten an der Wand hingen. Dort waren Nikoläuse, wilde Kerle, Bischöfe, Rauschgoldengel, eine Lichterkönigin und eine rußgeschwärzte Hexe mit Knollennase und Besen abgebildet.

„Wieso eine Hexe? Was macht eine Hexe beim Weihnachtsmann?“, fragte Rufus neugierig.

„Das ist die Fee Befana. Die bringt am 6. Januar den italienischen Kindern die Geschenke. Weil sie dabei durch den Kamin rutscht, sieht sie so schwarz aus. Guten Kindern legt sie Geschenke in die Schuhe, bösen Kindern bringt sie nur ein Stück Kohle.“

„Ich lerne viel bei euch“, sagte Rufus. „Wenn ich daran denke, wie wenig ich noch vor einer Woche über den Weihnachtsmann gewusst habe!“

„Siehst du das Bild von den Drei Königen neben der Tafel? Die beschenken die Kinder in Spanien am Dreikönigstag. Allerdings nur die, die einen Schuh mit Heu oder Hafer für die hungrigen Kamele vor die Tür stellen“, flüsterte Nickel.

Rufus musste wieder an Melchior, das fliegende Kamel auf der Trainingswiese, denken und schmunzelte.

Im dritten Raum unterrichtete eine junge Frau. Sie brachte gerade jungen Mädchen bei, wie man sich mit brennenden Kerzen auf dem Kopf anmutig bewegt, ohne dass Wachs heruntertropft.

„Sie bildet die Lucias, die Lichterköniginnen, für Schweden aus. Dort ist es im Winter so finster, dass Licht eines der schönsten Geschenke ist“, erklärte Klaas.

Im vierten Raum war Biologieunterricht. Es wurde über Tannenbäume gesprochen. Schließlich war es wichtig zu wissen, wie man Tannenbäume anpflanzt, sie pflegt, in welchen Ländern es Tannenbäume zum Fest gibt und in welchen nicht.

„Auch das Tannenbaumschmücken muss gelernt werden. In einem Land am Äquator darf der Weihnachtsmann keinen Baum mit Wachskerzen ins Zimmer stellen. Die würden noch vor der Bescherung vom Baum tropfen“, erklärte Nickel. „Außerdem gibt es Leute, die mögen lieber einen Baum mit Äpfeln und Strohsternen, während andere Lametta und elektrische Kerzen bevorzugen.“

Die drei gingen weiter zum nächsten Raum.

An der Tür stand *Julklapp*.

„Hier sind unsere Allerkleinsten“, sagte Nickel.

„So etwas wie ein Kindergarten?“, fragte Rufus.

„Geeenau!“ Nickel nickte. „Hier basteln die Kleinsten und lernen spielerisch das Schleifenbinden und Päckchenpacken. Das können sie schon, ehe sie lesen und schreiben lernen.“

Die Kleinen waren gerade dabei, aus einem Apfel, einer Nuss und ein bisschen roter Pappe einen Weihnachtsmann als Tischdekoration zu basteln.

„Das sieht ja ganz einfach aus! Das zeige ich Max und Steffi, wenn ich wieder zu Hause bin“, sagte Rufus.

Nickel sprach ein paar Worte mit der Erzieherin. Da gab sie ihm einen Zettel mit einer Zeichnung.

„Hier ist die Bastelanleitung. Da steht genau, wie es geht“, sagte Nickel.

Rufus bedankte sich.

Bastelanleitung für Apfelmännchen

15. In der Stempelgasse

Als sie in die Stempelgasse einbogen, blieb Rufus plötzlich erschrocken stehen und sagte: „Oje, jetzt fällt mir was ein!"

Nickel und Klaas sahen ihn fragend an.

„Ich glaub, ich hab den Wunschzettel von Max und Steffi nicht weggeschickt. Sie haben den Briefumschlag auf meinen Schreibtisch gelegt."

„Das ist natürlich dumm", sagte Klaas.

„Ich weiß", sagte Rufus zerknirscht.

„Was wünschen sie sich denn?", fragte Nickel.

„Keine Ahnung", sagte Rufus. „Der Umschlag war an den Weihnachtsmann adressiert und zugeklebt. Da habe ich natürlich nicht nachgesehen."

Klaas sah ihn prüfend an. „Und du bist auch nicht besonders gut im Wünscheausforschen, oder?"

„Stimmt", gab Rufus zu. „Ich war zu sehr mit meinen eigenen Sachen beschäftigt, mit meinen Forschungen, meinem Beruf!"

„Diese Ausrede von Vätern ist nicht neu! Du weißt also gar nicht, was sich deine Kinder wünschen?"

Rufus schüttelte den Kopf.

„Na ja, zugegeben, Wünscheausforschen ist keine leichte Sache. Deshalb hat ja auch vor vielen Jahren ein schottischer Weihnachtsmann die Wunschzettel erfunden", fügte Klaas hinzu.

„Ich weiß, wie wir Rufus helfen könnten", sagte Nickel. „Lass uns doch nachsehen, ob die Wunschzettel von Max und Steffi nicht doch in unserer Wunschzettelzentrale eingetroffen sind. Die ist in der Stempelgasse 12."

„Das ist eine gute Idee", sagte Klaas.

Sie machten sich auf den Weg.

„Sagt mal", fragte Rufus unterwegs, „könnte ich bei der Gelegenheit auch nach den Wünschen meiner Frau Anne forschen? Mir fällt einfach nie früh genug das Richtige ein!"

„Ich weiß: Erwachsene sind oft noch schwerer zu beschenken als Kinder", sagte Klaas. „Hat sie einen Wunschzettel geschrieben?"

„Ich glaube nicht."

„Nun, das Ausforschen von Wünschen, die nicht aufgeschrieben worden sind, ist zwar schwierig, aber nicht unmöglich. Wir werden sehen, was sich machen lässt."

„Danke", sagte Rufus und er nahm sich vor, im nächsten Jahr gleich im Januar mit dem Wünscheausforschen für das nächste Weihnachtsfest anzufangen.

Bis zur Stempelgasse war es nicht weit. Das Wunschzettelverwaltungsgebäude sah von außen grau und unscheinbar aus. Es wäre niemandem aufgefallen, wenn da nicht das gelbe Schild gewesen wäre, auf dem in großen schwarzen Buchstaben stand: *Unbefugten Zutritt verboten!*

„Wer sind Unbefugte?", erkundigte sich Rufus.

„Alle Nicht-Weihnachtsmänner", sagte Klaas.

„Also darf ich gar nicht hinein?"

„Mal sehn, was ich tun kann", sagte Nickel und zwinkerte ihm zu.

„Komm mit!"

„Unser oberster Wunschzettelverwalter bewacht seine Geheimnisse mit Adleraugen. Aber Nickel weiß ihn zu nehmen“, flüsterte Klaas Rufus zu, als sie das Gebäude betraten.

Rufus erlebte die gleiche Überraschung wie auf dem Postamt. Das Gebäude, das von außen klein und unscheinbar aussah, war innen groß und geräumig. Überall huschten Büroboten mit Akten und Briefen umher. Fast alle waren blau oder grau gekleidet. Sie trugen Ärmelschoner und hatten die Bärte, falls sie zu lang waren, in Zöpfen geflochten oder auf dem Rücken zusammengebunden, damit sie nicht in die Tintenfässer oder Schreibmaschinen hingen.

„Geehrt ist der Boden, auf den Eure Füße treten“, sagte ein freundlicher Chinese im blauen Kimono. Er kreuzte die Arme vor der Brust und deutete eine kleine Verbeugung an. „Was kann ich für Euch tun?“

Nickel begrüßte ihn ebenso höflich, während Klaas Rufus zuflüsterte, dass der Mann in Blau Herr Wu, der oberste Wunschzettelverwalter, war.

„Wenn sich Euer untertänigster Diener eine kleine Bitte erlauben darf“, begann Nickel, „wir sind den Wünschen von Kindern auf der Spur. Sie heißen Max und Steffi Luft. Das ist ihr Vater.“ Er deutete mit einer eleganten Handbewegung auf Rufus.

„Ist das jener Fremdling, der sich mit den Bäumen unterhalten und danach die Erde geküsst hat?“, erkundigte sich der Chinese höflich.

„Ja, allerehrwürdigster Wunschzettelverwalter. So ist es“, antwortete Nickel mit einer leichten Verbeugung.

„Dann kann ich ihm die Wünsche der Kinder leider nicht mitteilen. Denn er ist keine befugte Person. Wunschzettelwünsche können nur an den zuständigen Weihnachtsmann weitergegeben werden“, sagte der Wunschzettelverwalter.

„Und wer ist der zuständige Weihnachtsmann?“, fragte Nickel.

„Das erfahren meine ehrenwerten Freunde in der Abteilung B4. Mögen Eure Füße stets auf Neuschnee wandeln und der Duft von Zimt und Nelken Eure Nasen umfächeln!“

Mit diesem blumigen vorweihnachtlichen Wunsch und einer kleinen Verbeugung verschwand der ehrenwerte Herr Wu hinter einem Samtvorhang.

„Na, dann gehen wir mal in die Abteilung B4“, sagte Nickel und seufzte. Er ahnte, dass es schwieriger sein würde, als er gedacht hatte, die Wünsche von Max und Steffi herauszufinden, von Annes Wünschen ganz zu schweigen.

„Tut mir leid“, sagte ein Mädchen im blauen Minirock, als sie in der Abteilung B4 angekommen waren. „Der zuständige Sachbearbeiter ist gerade zur Kaffeepause.“

„So ist es hier immer. Wenn sie nicht wollen, wollen sie nicht“, brummte Klaas.

„Versuchen wir es doch mal in der Computerabteilung! Wir haben doch seit Neuestem *Gargantua*, diesen tollen Riesencomputer, der die Wunschzettel bearbeitet“, schlug Nickel vor.

16. Chip, der Computerwichtel

Auch in der Computerabteilung konnte oder wollte man den drei Freunden zunächst nicht helfen.

„Eine Computerauskunft? Einfach so? Tut mir leid", sagte die junge Frau, die an einem Bildschirm in der Eingangshalle saß. „Ich fürchte, da kann ich euch nicht helfen. Datenschutz!"

„Du könntest doch mal eine Ausnahme machen", sagte Nickel, der die junge Frau schon seit Jahren kannte.

„Das geht nur mit Passwort. Kennt ihr das Passwort für heute? Sonst gibt *Gargantua* keine Auskunft."

Nickel schüttelte den Kopf.

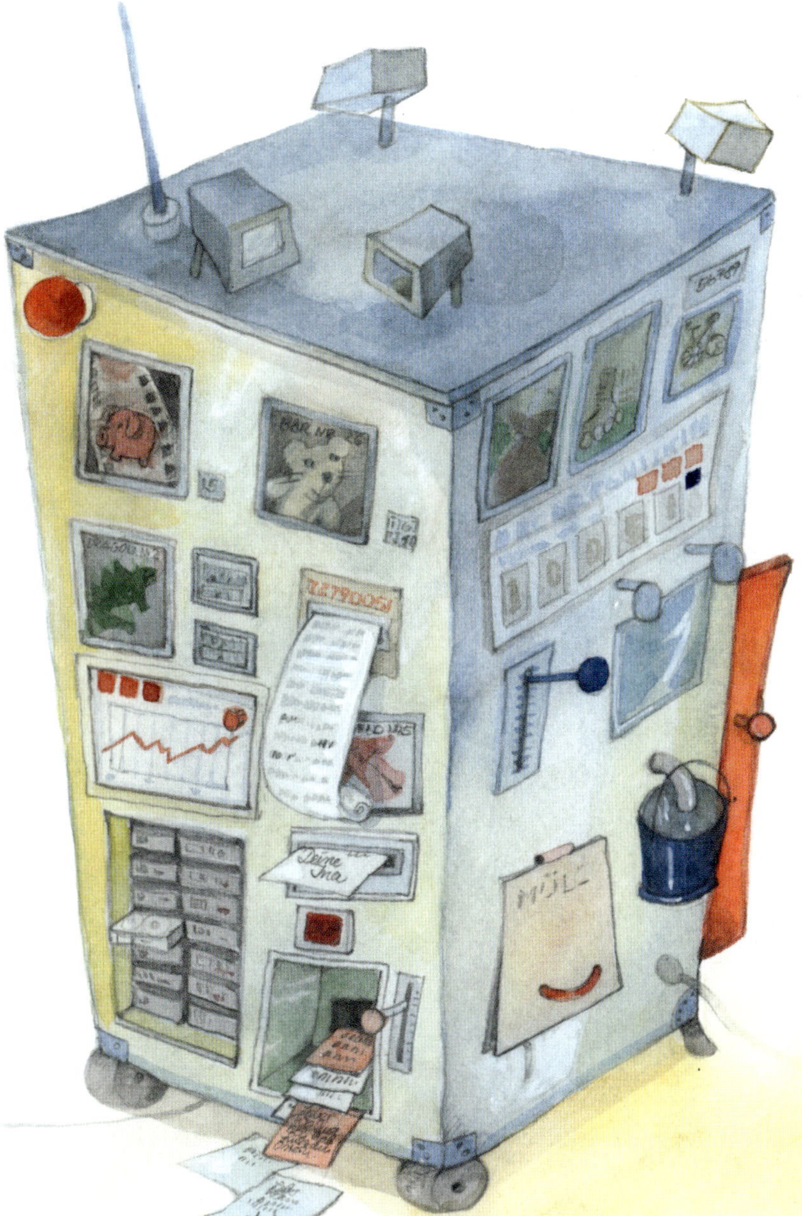

„Dann kann ich euch nicht helfen, auch wenn ich wollte."

„Scheint mir, bei euch gibt es doch Probleme ohne Lösungen", sagte Rufus enttäuscht, als sie den Raum verließen.

„Nur nicht aufgeben", brummte Nickel unverdrossen. „Schließlich gibt es noch Chip, den Laptop-Tomte. Er kennt sich mit Computerprogrammen bestens aus. Bestimmt weiß er das Passwort oder hat Mittel und Wege, *Gargantua* zu überlisten."

„Da bin ich wirklich gespannt", sagte Rufus, „gespannt wie ein Fesselballon."

Nach einem kurzen Spaziergang kamen sie zu Chips Büro. Der Computer-Wichtel lebte und experimentierte in einem Blockhaus am Waldrand.

Bitte nicht stören! stand an der Tür.

„Bleibt hier. Ich gehe erst einmal allein hinein und rede mit ihm", sagte Nickel.

Rufus und Klaas beobachteten durch das hell erleuchtete Fenster, wie Nickel auf einen Wichtel zuging, der mit Kopfhörern vor einem Bildschirm hockte. Nickel redete auf ihn ein. Aber der kleine Mann schüttelte den Kopf. Nickel redete und redete. Schließlich rief er Klaas und Rufus herein.

Chip begrüßte sie und sagte: „Nickel hat mir von eurem Problem erzählt. Aber ich kann euch nicht helfen. Es ist gegen die Regeln. Außerdem kenne ich das Passwort für heute nicht."

„Nun stell dich nicht so an! Du hast mir doch neulich gezeigt, wie du auch ohne Passwort in die Datenbank kommst", sagte Nickel und klopfte ihm aufmunternd auf die Schulter.

„Ich kenne diesen Mann doch gar nicht. Und wenn er gar kein Recht hat, die Wünsche zu erfahren?" Chips Blick wanderte unsicher von Nickel zu Rufus.

„Aber Steffi und Max sind meine eigenen Kinder!", versicherte Rufus. „Und Anne ist meine Frau. Ich habe den Wunschzettel der Kinder aus Versehen nicht abgeschickt. Und meine Frau habe ich in der Eile vor der Abreise leider nicht nach ihren Wünschen gefragt."

„Selber schuld", murmelte Chip.

Rufus sah auf den Fußboden. „Du hast schon recht. Und es tut mir wirklich leid. Aber normalerweise wäre ich längst zu Hause und könnte mich dort um alles kümmern."

„Na gut", sagte Chip. „Ich will mein Möglichstes tun. Es ist nicht so einfach. Das Passwort für den Zentralrechner ändert sich täglich." Er begann seinen Computer zu bearbeiten.

Rufus staunte über seine Geschicklichkeit und murmelte: „Ich werd verrückt, ein Hacker im Weihnachtsland!"

„Warte es ab", sagte Nickel. „Es wird nicht die letzte Überraschung sein!"

Nach ein paar Versuchen gelang es Chip tatsächlich, sich in das Netzwerk einzuwählen. Er grinste zufrieden.

„Das Passwort ist *Spekulatius*. Hab ich mir gedacht. Gestern war es *Zimtstern*. In dieser Woche nehmen sie lauter Namen von Weihnachtsplätzchen!"

Nickel, Klaas und Rufus sahen sich hoffnungsvoll an.

„Alles wegsehen!", rief Chip. „Am besten dreht ihr euch um."

Die drei gehorchten.

Nach etwa zwei Minuten sagte Chip triumphierend: „Der Wunschzettel der Kinder ist da. Ich habe ihn gefunden. Und der Hauptwunsch von Max und Steffi Luft heißt: Kasperletheater."

„Oh, jetzt erinnere ich mich!", rief Rufus erfreut. „Das haben die beiden sich im letzten Jahr auch schon gewünscht! Aber irgendwie hat es nicht geklappt …"

„Irgendwelche Besonderheiten?", fragte Klaas und schielte über Chips Schultern auf den Bildschirm.

„Mit Kasper, Prinzessin, Räuber, Krokodil, König, Seppl, Gretl, Teufel, Hexe", las Chip vor.

„Und was ist mit Annes Wünschen?"

„Das ist wesentlich schwieriger. Da muss ich mich in die Datenbank der Wunschmühle einloggen. Ich werde es versuchen. Moment!"

„Was ist die Wunschmühle?", fragte Rufus hinter vorgehaltener Hand.

„Psst! Das erzählen wir dir später", flüsterte Klaas.

Es dauerte noch eine ganze Weile, bis Chip schließlich in einer Datei mit dem Namen *Unausgesprochene Wünsche* Annes heimlichen Wunsch fand.

„Ich hab's!", sagte er schließlich zufrieden. „Der Hauptweihnachtswunsch von Anne Luft heißt Querflöte."

„Ja richtig, die hat sie sich eigentlich schon zum Geburtstag gewünscht", fiel es Rufus siedend heiß ein.

„Kannst du uns noch den Namen des zuständigen Weihnachtsmannes sagen, damit wir ihn fragen können, ob es mit der Wunscherfüllung klappt?", bat Nickel.

„Mann, ihr quetscht mich ja aus wie eine Zitrone", stöhnte Chip.

Er klapperte noch mal auf den Tasten herum. Schließlich erschienen verschlüsselte Buchstaben auf dem Bildschirm.

„Er heißt Fred Schreiner", sagte Chip. „Ihr findet ihn in der Holzwurmgasse 12. Mehr kann ich jetzt aber wirklich nicht verraten! Das war meine letzte Information." Und damit schaltete er kurz entschlossen den Computer aus.

„Danke, du hast uns sehr geholfen", sagte Nickel erleichtert.

Und dann verabschiedeten sie sich.

17. In der Holzwurmgasse

„Die Holzwurmgasse ist eine Straße, in der vor allem Holzspielsachen hergestellt werden“, sagte Klaas. „Es ist die Gegend, in der die Tischler wohnen und arbeiten. Wir müssen nur zwei Querstraßen in Richtung Wald laufen.“

Schon an der nächsten Ecke roch es nach frischem Holz und auf der Straße lagen überall Säge- und Hobelspäne herum.

Sie überquerten die Tannen- und Eichenstraße und erreichten endlich die Holzwurmgasse.

Das Werkstattfenster am Haus Nummer 12 war hell erleuchtet.

Drinnen an der Werkbank stand ein dünner Weihnachtsmann in einem verkleckerten blauen Overall. Er leimte gerade eine Puppenstube zusammen.

„Das ist Fred Schreiner. Ich kenne ihn nur flüchtig“, sagte Nickel.

„Herein!“, rief Fred ein wenig unwillig, als Nickel anklopfte.

Er machte einen ziemlich überarbeiteten Eindruck.

Klaas erklärte ihm, weshalb sie gekommen waren.

„Du bist doch der zuständige Weihnachtsmann für die Familie Luft?“

„Postleitzahl?“

Rufus nannte rasch seine Postleitzahl.

„Ja, das ist mein Gebiet.“

„Das ist Rufus Luft persönlich. Vielleicht hast du von ihm gehört? Er hat diese fabelhafte Bruchlandung hingelegt.“

72

„Ja, Radio Tomten hat darüber berichtet. Was ist mit ihm?"

„Also", begann Rufus, „im letzten Jahr hat es mit dem Kasperletheater für meine Kinder Max und Steffi nicht geklappt. Und deshalb wollte ich einmal ganz vorsichtig nachfragen, ob es vielleicht in diesem Jahr …"

„Natürlich können wir nicht immer *alle* Wünsche erfüllen", antwortete Fred. Er schien in seiner Berufsehre etwas gekränkt. „Je kleiner der Wunsch, desto wahrscheinlicher ist es, dass wir damit klarkommen. Das mit dem Kasperletheater hab ich im letzten Jahr nicht geschafft, weil es ein großes Geschenk ist. Bei solchen Sachen müssen auch die Eltern ein bisschen mithelfen!"

„Verstehe", sagte Rufus leise, der den Vorwurf sehr wohl heraushörte.

„Wunschzettel sind ja schließlich auch keine Bestellzettel", fügte Fred brummig hinzu.

Klaas nickte. „Wo er recht hat, hat er recht!"

„Klappt es denn in diesem Jahr?", fragte Rufus.

„Mal sehen." Fred schielte über den Rand seiner Brille auf die Arbeitszettel, die an einer Pinnwand hingen.

„Da ist es! Kasperletheater für Steffi und Max. Das steht für morgen auf dem Plan. Bin schon ziemlich im Verzug mit den Terminen. Na ja – wenn ihr mich nicht allzu lang von der Arbeit abhaltet, müsste es klappen. Ihr könnt ja übermorgen noch mal nachfragen."

Das war fast ein Hinauswurf. Die drei verabschiedeten sich rasch und gingen zur Tür. Trotzdem blieb Klaas noch einmal stehen und fragte: „Weißt du vielleicht, wo wir so kurz vor dem Fest noch eine Querflöte auftreiben können?“

„In der Musikschule vermutlich!“ Fred drehte sich um und ging wieder an die Arbeit.

„Die Musikschule liegt ganz oben am Berg neben der Kirche. Das machen wir morgen“, sagte Nickel, nachdem sie Freds Werkstatt verlassen hatten. „Sieh dir doch unseren Rufus an; er schläft schon beim Laufen ein!“

Rufus war wirklich hundemüde. Er hatte so viel gesehen und erlebt, dass sein Kopf ganz voll davon war. Er hatte nichts dagegen, dass sie sich jetzt auf den Weg zum Gasthof machten.

„Rasch in die Federn mit dir“, sagte Klaas, als sie sich unter dem Wirtshausschild der *Goldenen Gans* Gute Nacht sagten. Nickel deutete augenzwinkernd auf die vergoldete Blechgans über ihren Köpfen. „Er meint: in die Gänsefedern!“

18. Musikschule

Am nächsten Morgen schlief Rufus bis elf. Als er aufstand, merkte er, dass er einen mächtigen Muskelkater hatte. Er machte ein paar Kniebeugen, dehnte und reckte sich. Eigentlich gut, dass Klaas und Nickel erst am Nachmittag Zeit für ihn hatten. Da konnte er noch eine Runde joggen und dann in Ruhe frühstücken.

Als Klaas, Nickel und Rufus gegen drei Uhr durch den Schnee den Berg zur Musikschule hinaufschnauften, hörte man schon von Weitem das Klingen von Instrumenten und den Gesang eines Engelschores, der gerade Weihnachtslieder probte.

„Hier herrscht Annabelle“, sagte Nickel. „Sie wird dir gefallen!“

Er zog an der kleinen Messingglocke an der Mauerpforte neben der Kirche. Sie mussten sich eine ganze Weile gedulden, bis endlich ein Zwerg in brauner Kutte die Tür öffnete und nach ihren Wünschen fragte.

„Ein Notfall!“, sagte Nickel. „Wir müssen dringend Miss Annabelle sprechen!“

„Worum geht es?“, fragte der Zwerg beharrlich. „Sie ist im Augenblick bei einer wichtigen Probe. Da darf ich nicht stören.“

„Dann warten wir“, sagte Nickel und schob die Tür wieder auf, die der Zwerg ihnen vor der Nase zudrücken wollte.

„Na, wenn ihr unbedingt wollt …“, gab der kleine Mann nach. „Ihr könnt euch dort auf die Bank setzen.“

„Dürfen wir unserem Freund inzwischen ein wenig die Studios zeigen?", fragte Klaas.

„Also, ich weiß nicht recht ... Im Augenblick sind überall die Proben im Gange." Der Zwerg war von der Wissbegier seiner Besucher ganz und gar nicht begeistert.

„Wir sind ganz leise und werden bestimmt niemanden stören", versicherte Nickel.

Da wurde der Zwerg von dem Piepser an seinem Handgelenk zu einer dringenden anderen Aufgabe gerufen.

„Den wären wir erst mal los", sagte Nickel.

Rufus sah sich um. Die Musikschule war ein Anbau, der direkt mit der Kirche verbunden war. Sie betraten sie durch ein kleines, unauffälliges Tor. Rufus staunte, denn es geschah wieder das gleiche Raumwunder wie auf der Post und im Wunschzettelamt. Von außen sahen die Kirche und ihr Anbau bescheiden aus. Aber von innen wirkte sie wie eine riesige Konzerthalle. Alle Gesetze des Raumes schienen aufgehoben.

„Komm mit!" Klaas zog Rufus zu einer winzigen Tür, hinter der sich eine große Wendeltreppe verbarg. Sie stiegen nach oben. Dann traten sie auf eine Empore, von der aus sie das ganze Probengeschehen überblicken konnten.

„Wow", entfuhr es Rufus. „Das ist ja ungeheuerlich!"

Der Raum, der unter ihm lag, war ein riesiges Tonstudio. Durch schalldichte Glaswände abgeschirmt, probten in den verschiedenen Abteilungen Solisten, Chöre und Orchester. Eine junge Frau saß an einem riesigen Mischpult in der Mitte. Sie hatte Kopfhörer auf und beobachtete alles genau.

„Das ist Annabelle", flüsterte Klaas. „Sie spielen gerade die neue Weihnachts-CD ein. Da dürfen wir nicht stören. Aber bestimmt machen sie irgendwann mal Pause."

„Spätestens, wenn dem Trompeter die Spucke ausgeht", sagte Nickel und lachte.

„Kommt mit!" Klaas winkte und brachte sie über eine Galerie in eine andere Halle. Dort wurde auf einer Bühne gerade ein Spiel geprobt. Es waren unschwer Maria, Josef und einige Hirten und Engel zu erkennen.

„Soviel ich weiß, wird heute die letzte Szene der Weihnachtsgeschichte gefilmt", erklärte Klaas. „Sie wird an Weihnachten über Satellit an alle Fernsehsender der Welt geschickt. Es ist diesmal eine besonders gute Inszenierung. Sie proben schon seit August daran."

„Und dort ist unsere Rundfunkstation." Nickel deutete auf eine Glasscheibe, hinter der ein Reporter stumm wie ein Fisch die Lippen bewegte.

„Schalldicht, wir können ihn nicht hören. Aber wenn du im Hotel dein Radio anmachst, erfährst du von dem Mann das Neuste aus aller Welt. Wetterbericht eingeschlossen."

„Also ein wichtiger Mann", sagte Nickel.

„Manchmal ist es auch eine Frau", sagte Klaas. „Sie wechseln sich ab. Radio Tomten sendet rund um die Uhr."

Sie gingen wieder in das große Aufnahmestudio zurück – gerade im richtigen Moment. Denn jetzt verkündete Annabelle ihren Musikern die wohlverdiente Sendepause und nahm den Kopfhörer ab.

„Klaas und Nickel, was wollt *ihr* denn hier?", rief sie überrascht, als sie die Besucher entdeckte.

„Das ist unser Freund Rufus. Er braucht dringend eine Querflöte. Wo kann er die bekommen?", fragte Nickel.

„Eine Querflöte? Das ist nicht so einfach." Annabelle überlegte. „Aber ich will sehen, was ich für euch tun kann! Ich bin euch ja noch einen Gefallen schuldig vom letzten Jahr." Sie telefonierte kurz und verließ dann den Raum.

Nach einer Weile kam sie zurück und sagte: „Ich denke, ich kann euch helfen! Aber es wird ein oder zwei Tage dauern. Dann bekommen wir Musikinstrumente aus unserem Umtauschlager. Soviel ich weiß, ist auch eine nagelneue Querflöte dabei."

„Das wäre ja fabelhaft", sagte Rufus. „Aber kann ich das so einfach annehmen?"

„Hier hilft einer dem anderen“, sagte Klaas.

In diesem Augenblick klingelte das Telefon auf Annabelles Schreibtisch. Sie nahm den Hörer auf und machte ein ernstes Gesicht.

„Das ist ja schrecklich“, sagte sie. „Habt ihr versucht Chip zu erreichen? … Der ist auch nicht da?“ Sie redete noch eine Weile über technische Dinge und legte dann den Hörer wieder auf.

„Was ist los?“, fragte Nickel.

Annabelle seufzte. „Wir haben ein ernstes technisches Problem. Im Aufnahmeraum streikt die Computeranlage. Sie können den Fehler nicht finden. Und von den Computertechnikern ist keiner zu erreichen. Die sind alle in der Spielzeugfertigung. Dort gibt es so viel Elektronikkram, dass sie vor Weihnachten alle Hände voll zu tun haben. Was mach ich bloß?“ Sie spielte nervös mit dem Kopfhörer, der auf ihrem Schreibtisch lag.

„Jetzt kann ich vielleicht helfen“, sagte Rufus schnell. „Ich bin Computerfachmann und kenne mich auf dem Gebiet recht gut aus!“

„Wirklich?“, fragte Annabelle.

„Zeigt mir den Patienten“, antwortete Rufus. „Dann werden wir ja sehen.“

Sie gingen in den Aufnahmeraum.

Bewundernd sahen Klaas und Nickel zu, wie ihr Schützling den Computer testete und anschließend mit geübten Griffen die Rückwand des Computers aufschraubte und ein Modul austauschte.

„Das Innenleben von einem Computer werde ich nie verstehen“, sagte Nickel.

„Dafür kennst du dich mit dem Innenleben von Tieren aus. Das ist viel schwieriger“, sagte Rufus, als er den Computer wieder zusammenbaute.

„Ich weiß gar nicht, wie ich Ihnen danken soll!“, sagte Annabelle, als auf dem Kontrollbildschirm wieder die Notensätze erschienen.

Rufus war glücklich und verlegen zugleich. Und unendlich froh, dass er auch einmal von Nutzen gewesen war.

„Mann, Rufus! Ich bin richtig stolz auf dich“, sagte Nickel und klopfte ihm dabei mit seiner Pranke so herzhaft auf die Schulter, dass Rufus fast im Boden versank.

19. Im Rathaus

Als Rufus gegen Abend mit seinen beiden Begleitern das Rathaus von Tomten betrat, sah er rot. Zu dem kleinen Essen beim Bürgermeister waren nämlich alle Weihnachtsmänner in Dienstuniform erschienen.

„Ich habe noch nie so viele Weihnachtsmänner auf einmal gesehen", staunte Rufus.

„Es gibt noch viel mehr. Keiner weiß ganz genau, wie viele es wirklich sind." Nickel räusperte sich, denn seine Stimme war heiser geworden. Dann fuhr er fort: „Einige von uns wohnen in abgelegenen Wäldern, andere an einsamen Seen. Es gibt sogar eine Außenstelle am Südpol. Die beliefert Australien, Südafrika und Südamerika."

„Heute siehst du nur die Weihnachtsmänner, die im Stadtrat von Tomten mitarbeiten", unterbrach Klaas seinen Freund. „Sie haben eine wichtige Aufgabe. Sie stimmen jedes Jahr bei einem großen Truthahn-Essen darüber ab, ob im nächsten Jahr wieder Weihnachten gefeiert werden soll oder nicht."

„Aber da sie alle gern gebratenen Truthahn essen, ist das eine reine Formsache, und es besteht keine Gefahr, dass Weihnachten in nächster Zeit abgeschafft wird!", sagte Nickel und lachte.

„Ich habe noch eine Frage, die mich schon beschäftigt hat, als ich noch ein Kind war", sagte Rufus. „Wie schafft es der Weihnachtsmann, immer und überall pünklich zu sein? Trotz der großen Entfernungen, die er zurücklegen muss?"

„Dass es nicht nur einen Weihnachtsmann gibt, hast du ja schon erfahren. Das ist ein Teil des Geheimnisses“, sagte Klaas.

„Dass wir überall in der Welt Helfer und Nebenstellen haben, weißt du inzwischen auch“, fügte Nickel hinzu.

„Aber wenn die Weihnachtsmänner, die von Tomten starten, die Kinder auf der ganzen Welt erreichen wollen, dann, ja dann müssten sie ja mit Überschallgeschwindigkeit oder gar mit Lichtgeschwindigkeit reisen“, grübelte Rufus und überlegte, wie er das seinen Kindern erklären sollte.

„Weihnachtsmänner reisen schneller als der Schall und das Licht“, sagte Klaas. „Und das ist der interessantere Teil des Weihnachtsmann-Geheimnisses …“

Ausgerechnet an dieser spannenden Stelle wurde das Gespräch unterbrochen, denn der Bürgermeister hatte die drei entdeckt. Er kam auf sie zu und begrüßte Rufus herzlich. „Wie ich sehe, geht es dir wieder gut. Du hast den kleinen Flugunfall anscheinend ohne Schaden überstanden?“

„Ja. Das verdanke ich vor allem Klaas und Nickel und der wunderbaren Gastfreundschaft in Tomten“, sagte Rufus.

„Vieles hier bei uns ist sicher neu und ungewohnt“, sagte der Bürgermeister.

„Allerdings“, gestand Rufus. „Und manches ist für einen Außenstehenden nur schwer zu begreifen.“

„Wir haben gerade versucht, ihm das Weihnachtsmann-Geheimnis zu erklären“, sagte Nickel.

„Das Erklären ist nicht einfach und das Begreifen auch nicht.“ Der Bürgermeister lächelte und strich mit der Hand nachdenklich über seinen gewaltigen Bart.

„Rufus ist Wissenschaftler und kapiert schnell“, sagte Klaas.

„Ich hab schon davon gehört. Er hat sogar Annabelles Computer repariert“, sagte der Bürgermeister.

„Aber das mit der Geschwindigkeit hab ich trotzdem noch nicht ganz verstanden“, sagte Rufus. „Ihr reist schneller als das Licht?“

Der Bürgermeister lächelte geheimnisvoll. „Tja, wir sind schneller, viel schneller! Wir reisen mit der Geschwindigkeit von Wünschen und Gedanken!“

„Gedankenschnell?“, murmelte Rufus und überlegte einen Augenblick, wie viele Kilometer pro Sekunde ein Wunsch oder ein Gedanke wohl zurücklegen konnte.

„Das ist schneller als der Wind, schneller als das Wort, schneller als das Licht“, fügte der Bürgermeister hinzu. „Probier es doch aus: Denk an deine Familie! – Nun, wie viele Kilometer sind es und wie lange hat das gedauert?“

„Stimmt“, murmelte Rufus. „Wenn das so ist …“

„Komm mit“, sagte der Bürgermeister und führte Rufus zum Erkerfenster, das an der Breitseite des Rathaussaales einen Blick auf die gegenüberliegende Hügelkette freigab. „Siehst du die Windmühle dort im Mondschein?“

„Sie ist mir gestern schon aufgefallen. Sie sieht so geheimnisvoll aus“, sagte Rufus.

„Wenn du genau hinsiehst, dann bemerkst du, dass die Windmühlenflügel aus hauchzarten Spinnweben bestehen.“

Rufus nahm das Fernglas, das ihm der Bürgermeister reichte. „Tatsächlich! So ein riesiges Spinnennetz habe ich noch nie gesehen.“

„Es ist kein normales Spinnennetz. Es ist ein Nachrichtennetz“, erklärte der Bürgermeister. „Mit diesem Netz werden Wünsche aufgefangen und dann an das Rechenzentrum in der Mühle weitergeleitet.“

„Ist das die Wunschmühle, die ihr mal erwähnt habt?“

„Geeeenau!“, sagte Nickel.

„Schon mal vom WWW gehört?“, fragte der Bürgermeister.

„WWW – World Wide Web –, das ist der Name einer Datenautobahn“, sagte Rufus.

„Bei uns in Tomten bedeutet es *weltweites Wunschnetz*. Zufall oder nicht: Unser WWW funktioniert so ähnlich wie eure Datenautobahn. Und für uns ist es auch wirklich eine Art Autobahn, denn die Rentierschlitten und alle anderen Fahrzeuge bewegen sich, wenn der Start geglückt ist, auf diesem WWW mit der Kraft und Schnelligkeit der Gedanken. So erreichen sie pünktlich ihr Ziel.“

„Das ist unglaublich“, murmelte Rufus. „Das heißt, ihr denkt euch hin zu den großen und kleinen Kindern, die ihr beschenken wollt?“

Der Bürgermeister dachte einen Augenblick nach. „So könnte man es ausdrücken. Aber es ist natürlich eigentlich viel komplizierter. Manchmal gibt es auch Probleme bei der Landung. Nebel, Glatteis, Verkehrsstau oder einen zu engen Kamin. Aber unsere Weihnachtsmänner werden gut trainiert.“

„Das hab ich gesehen“, sagte Rufus.

Dann wurde das Essen aufgetragen. Alle Gäste nahmen an einer langen Tafel Platz, die von der einen Ecke des Rathaussaales bis zur anderen reichte. Schon bei der Vorspeise bekam Nickel einen Hustenanfall.

Rufus klopfte ihm auf den Rücken und fragte: „Hast du dich verschluckt?“

Nickel schüttelte den Kopf und murmelte: „Ich fürchte, ich habe mich erkältet, als ich gestern Nacht ohne Schal und Mütze im Schneesturm nach einem Pony gesucht hab, das sich im Wald verlaufen hatte.“

„Du wirst doch nicht krank werden,“ sagte Rufus besorgt.

„Ich doch nicht!“, sagte Nickel und zwinkerte ihm hinter dem rot-weiß karierten Taschentuch zu. „Wer sollte denn dann meine Geschenke verteilen? Das wäre ja eine Katastrophe.“

20. Endspurt

„Ab morgen musst du dich alleine beschäftigen", sagte Nickel ein paar Tage später beim gemeinsamen Mittagessen. „Jetzt kommt unser Endspurt. Wir müssen überall in den Werkstätten herumrennen und unsere Geschenke zusammentragen. Und dann das Einpacken! Davor graut mir schon. Ich bin nicht besonders gut im Schleifenbinden."

„Woher weißt du, welches Paket für wen ist?"

„Es stehen Namensschilder drauf. Außerdem werden die Pakete nach Städten und Straßen sortiert und in Säcke gepackt."

„Für welche Straße bist du denn zuständig?"

Nickel verriet es ihm.

„Das ist ja fast bei mir um die Ecke!", freute sich Rufus. „Sag, soll ich dich dann nicht im Ballon mitnehmen?"

„Das ist mir ein bisschen unsicher. Danke, Rufus. Aber ich reise lieber mit meinem Schlitten! Dein komischer Luftballon ist mir nicht ganz geheuer. Außerdem ist mein Schlitten viel schneller und rumst nicht gegen Wolkenbänke."

„Sag nichts gegen meinen heiß geliebten Heißluftballon! Schöner und ruhiger kann man gar nicht reisen", verteidigte Rufus sein Reisefahrzeug.

„Gesetzt den Fall, der Wind weht nicht zu stürmisch und aus der richtigen Richtung!", sagte Nickel.

„Na ja, da können wir schon ein bisschen dran drehen", mischte sich Klaas ins Gespräch. „Schließlich haben wir beste Beziehungen zu den vier Winden. Die wohnen alle

hier am Nordpol in der Windbeutelschlucht. Und noch etwas: Annabelle hat angerufen, dass du die Querflöte abholen kannst und du solltest bei Fred nachfragen, ob es mit dem Kasperletheater für deine Kinder geklappt hat!“

„Dann weiß ich ja, was ich zu tun habe, während ihr fleißig seid“, sagte Rufus.

Nach dem Essen verabschiedeten sich die drei vor der *Goldenen Gans.* Die beiden Weihnachtsmänner eilten in verschiedene Richtungen davon. Rufus sah ihnen nach und machte dann einen Spaziergang durch Tomten. Inzwischen fand er sich ganz gut allein zurecht. Die kleine Stadt war sehr übersichtlich gebaut. Überall waren Straßenschilder, die meist schon durch ihre Namen verrieten, wer dort wohnte.

Rufus ging durch die Windsockengasse, den Nadelstreifenweg, die Backpulverstraße, lief über den Schusterberg und schaute kurz in der Halbmondstraße vorbei, um zu sehen, welche Fortschritte die Reparaturarbeiten an seinem Ballon machten. Dann lief er den Fußweg zu der winzigen Kirche hinauf, hinter der sich Annabelles riesiges Musikreich verbarg.

21. Querflöte und Kasperletheater

„Funktioniert der Computer noch?“, erkundigte sich Rufus, als er ins Aufnahmestudio zu Annabelle kam.

„Fabelhaft! Könnte nicht besser sein. Du hast uns wirklich einen großen Dienst erwiesen. Vor einer halben Stunde sind wir mit den Aufnahmen für unsere Weihnachts-CD fertig geworden. Und die Querflöte habe ich auch!“ Sie winkte einen der Kapuzen-Zwerge herbei, die überall herumflitzten, und ließ ihn ein längliches Paket holen. „Hier ist sie. Fix und fertig als Geschenk verpackt!“, sagte Annabelle.

Rufus bedankte sich und ging dann gleich weiter zu Freds Werkstatt in der Holzwurmgasse. Der empfing ihn mit ganz unglücklichem Gesicht. „Tut mir leid“, sagte Fred. „Wird wohl wieder nichts mit dem Kasperletheater für Max und Steffi!“ Er deutete auf seinen dick verbundenen Zeigefinger. „Ich hab mir gestern den Finger platt geklopft und kann damit unmöglich ein Kasperletheater bauen!“

Rufus war bitter enttäuscht.

Fred deutete auf die Pinnwand über seinem Arbeitsplatz und sagte: „Hier ist der Plan! Ich wollte gerade damit anfangen, da ist es passiert.“

Rufus ging einen Schritt näher an die Werkbank, die neben dem Fenster stand. Tatsächlich, da lag schon das Werkzeug und daneben hing der Plan für das Kasperletheater. Sah eigentlich gar nicht kompliziert aus! Plötzlich kam Rufus eine Idee: „Und wenn ich das Kasperletheater nach deinen Anweisungen bauen würde?“

„Das wäre natürlich eine Möglichkeit“, sagte Fred. „Da drüben auf dem Wagen liegt schon das Material bereit. Und die Kasperlepuppen sind gestern Abend aus der Puppenwerkstatt gekommen. Du musst nur noch das Theater zusammenbauen und die Kulissen bemalen. Aufgezeichnet habe ich sie schon.“

„Na, dann fangen wir doch gleich an“, sagte Rufus und krempelte die Ärmel hoch. Er hatte sich schon immer gewünscht, selbst etwas für seine Kinder zu Weihnachten zu basteln, und hatte noch nie Zeit dafür gehabt.

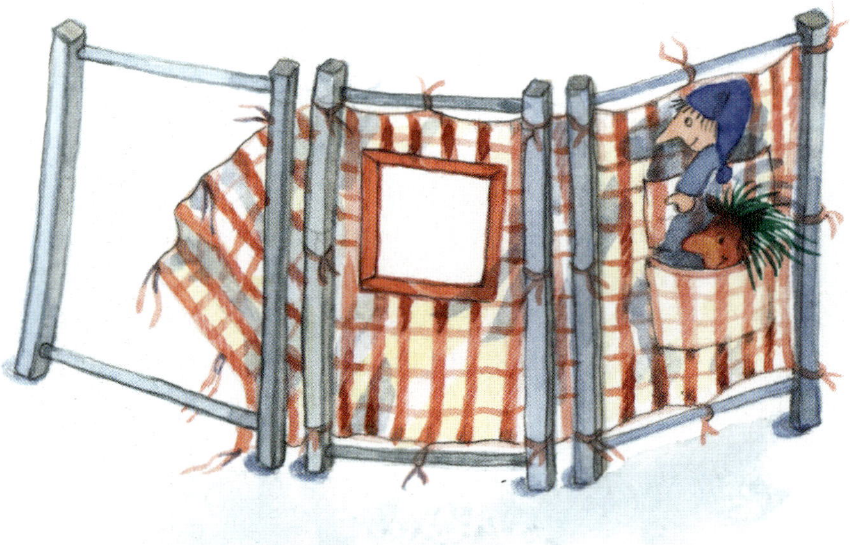

22. Der Sturm

Die Tage vergingen wie im Flug. Rufus verbrachte viel Zeit in Freds Werkstatt und half ihm, wo er konnte, auch als das Kasperletheater für Max und Steffi schon fertig war. Schließlich sollten auch die anderen Kinder nicht enttäuscht werden.

„Sag mal, das Ding ist groß und sperrig. Soll ich es nicht für dich mitnehmen?", erbot sich Rufus und zeigte auf das Holzgestell.

„Das ist eine großartige Idee!", sagte Fred. „Wir sind immer froh, wenn uns Eltern Arbeit abnehmen und einige Sachen selbst besorgen. Mein Schlitten ist sowieso schon voll bis oben hin."

In diesem Augenblick kam Nickel vorbei, mit Schniefnase und dickem Schal. Trotz der drei Äpfel, die er täglich aß, hatte er sich eine saftige Erkältung zugezogen und hielt sich nur noch mit Mühe auf den Beinen.

„Du solltest mal – haptschi – in der Halbmondstraße vorbeischauen. Mike hat angerufen. Dein – haptschi –, dein Ballon ist so gut wie fertig."

„Mach ich", antwortete Rufus. „Und gute Besserung!"

„Danke", schniefte Nickel, winkte mit dem Schnäuztuch und rannte weiter.

Rufus war in den letzten Tagen schon mehrfach in Mikes Werkstatt am Halbmondweg gewesen und hatte den Fortgang der Reparaturarbeiten beobachtet. Aber es dauerte alles viel länger, als Mike ursprünglich gedacht hatte.

Rufus wurde langsam ungeduldig, denn wenn er pünktlich an Weihnachten zu Hause sein wollte, musste er unbedingt morgen oder spätestens übermorgen starten.

Als er nun wieder ankam, sagte Mike: „Ich denke, jetzt haben wir es geschafft, Rufus. Die Hülle müsste dicht sein. Nur der Brenner funktioniert noch nicht ganz."

„Darum kann ich mich ja selber kümmern", sagte Rufus und ging den Wichteln in den blauen Overalls zur Hand.

„Ich denke, jetzt müsste es klappen", sagte Rufus schließlich, als der Brenner ordentlich fauchte, wenn er den Gashahn öffnete. „Kann ich heute noch starten?"

„Geduld, Geduld“, sagte Mike. „Hast du den Wetterbericht nicht gehört? Wenn du heute oder morgen startest, gerätst du in ein Wetterchen, das dich und deinen Ballon schlimmer aussehen lässt als vor zwei Wochen!“

„Aber ich muss doch an Weihnachten zu Hause sein!“

„Eben“, sagte Mike. „Wenn du bei dieser Wetterlage startest, kommst du vermutlich nie nach Hause. Du kannst es dir aussuchen.“

Rufus studierte den Wetterbericht und musste Mike recht geben. Betrübt machte er sich auf den Heimweg und grübelte. Da hatte er nun allerhand Schwierigkeiten überwunden, war körperlich wieder fit, der Ballon war repariert und er hatte sogar die Geschenke für seine Familie. Nun machte ihm das Wetter einen Strich durch die Rechnung!

Als er beim Rathausplatz um die Ecke bog, fegte ihn eine Sturmböe fast davon. Und dann brach ein Sturm los, wie man ihn auch in Tomten lange nicht erlebt hatte. Rufus rannte zur *Goldenen Gans*, kroch in sein Bett und machte die ganze Nacht fast kein Auge zu. Weil der Wind so ums Haus pfiff und weil er es vor Sehnsucht nach seiner Familie kaum mehr aushalten konnte.

Am nächsten Morgen goss es in Strömen. Rufus war zum Frühstück mit Klaas und Nickel verabredet. Aber es kam nur Klaas.

„Wo ist Nickel?“, fragte Rufus.

Klaas machte ein bekümmertes Gesicht. „Der liegt im Bett. Der Arzt war bei ihm. Nickel hat Grippe und ziemlich hohes Fieber. Eine Woche muss er mindestens im Bett bleiben, das heißt …“

„Das heißt, dass er an Weihnachten nicht einsatzbereit ist?“

„Genau“, sagte Klaas. „Und das macht ihn noch kränker, als er schon ist.“

„Ich kümmere mich um ihn“, versprach Rufus.

Er besuchte Nickel noch am selben Tag.

Nickel wohnte in einem der bunten Holzhäuser am Waldrand.

„Herein!“, krächzte er, als Rufus anklopfte.

„Du machst Sachen“, sagte Rufus. Er zog seine patschnasse Jacke aus, hängte sie über eine Stuhllehne neben dem Ofen und schob einen Hocker neben Nickels Bett.

„Schön, dass du mich besuchst. Und wie geht es dir?“

„Auch nicht viel besser. Mein Ballon ist zwar fertig und die Geschenke liegen bereit. Aber ich kann nicht starten, weil das Wetter so schlecht ist.“

„Da hast du Pech, genau wie ich. Ich bin in letzter Minute mit allen Geschenken und Vorbereitungen fertig geworden und jetzt lieg ich auf der Nase und kann meine Geschenke nicht verteilen!“

Zwei dicke Tränen rollten über seine Backen. Er fuhr sich mit dem Schlafanzugärmel über das Gesicht.

„Wir werden schon eine Lösung finden", sagte Rufus. „Du hast gesagt, es gibt in Tomten keine Probleme, bloß Lösungen. Erinnerst du dich nicht?"

„Kinder enttäuschen, das ist das Schlimmste für mich", schniefte Nickel. „Einmal in hundert Jahren passiert es, dass ein Weihnachtsmann an Weihnachten krank wird. Und jetzt passiert es ausgerechnet mir!"

„Die Kinder müssen ja gar nicht merken, dass du krank bist", sagte Rufus. „Ich hab eine Idee. Mein Ballon ist startbereit. Ich bin gesund. Ich muss genau dahin, wo du auch hinfliegen musst. Weißt du was: Ich nehme einfach deine Geschenke mit und liefere sie pünktlich ab. Ich muss euch nur um ein bisschen Wind bitten – und um einen kleinen Anteil am Weihnachtsgeheimnis, damit ich so gedankenschnell reisen kann wie ihr! Meinst du, das wäre möglich?"

„Würdest du das für mich tun?"

„Mit dem größten Vergnügen!", sagte Rufus. „Die Wettervorhersage für den 24. Dezember ist gut. Die Windverhältnisse für Start und Landung werden günstig sein. Und wenn ich für die Langstrecke die Gedankenautobahn benutzen darf, werde ich es schaffen."

„Gib mir das Telefon!", sagte Nickel.

Rufus reichte ihm den Hörer.

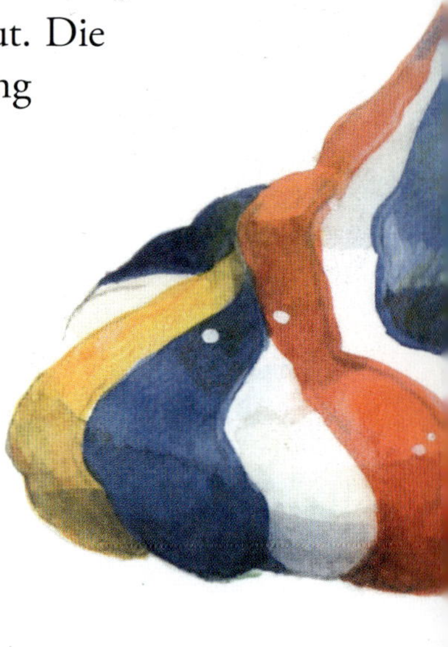

23. Rückflug

Rufus war der einzige Nicht-Weihnachtsmann, der jemals die Genehmigung bekam, die Gedankenautobahn zu benutzen.

„Er ist durch die lange Aufenthaltszeit in Tomten fast schon selbst zum Weihnachtsmann geworden“, sagte der Bürgermeister und erteilte die Startgenehmigung.

Auf dem Flugfeld herrschte am Weihnachtsmorgen ein unglaubliches Gedrängel. Rufus wartete voller Ungeduld, bis er an der Reihe war. Mike hatte ihm als Abflugzeit zwölf Uhr zugeteilt. Aber Rufus war schon um sieben da.

„Die mit dem weitesten Weg starten zuerst!", rief Mike energisch.

„Paketpost für Waikiki?"

„Hier!", rief einer. „Bin schon startbereit."

„Die Gruppe für Toronto! Vergesst die Handschuhe nicht! Es ist lausig kalt in Kanada", mahnte der Kostümmeister.

Ein Wichtel von der Endkontrolle tadelte zwei übereifrige Jung-Weihnachtsmänner. „Ihr habt den falschen Baum! Für Schweden müsst ihr echte Kerzen nehmen. Die mit den Glühbirnchen sind für Südamerika. Da würden die echten Kerzen schmelzen. Hab ich doch tausend Mal gesagt!"

Dazwischen gab Mike immer wieder über Lautsprecher den Start für die nächsten Fahrzeuge frei.

Gegen acht Uhr waren schon über hundert Fahrzeuge gestartet. Alles verlief nach Plan.

„In zehn Minuten bin ich dran“, sagte Klaas um acht Uhr siebzehn. „Ich muss bis nach Athen. Hoffe, du besuchst uns bald mal wieder!“

„Gerne“, sagte Rufus. „Aber wie finde ich euch?“

Klaas dirigierte seinen voll beladenen Schlitten zur Startbahn und sagte: „Alle Kompassnadeln der Welt zeigen auf uns!“ Dann glitt er mit seinem Rentierschlitten in Richtung Startrampe davon.

„Ich dachte immer, die deuten auf den magnetischen Nordpol!“, rief ihm Rufus nach.

„Meinst du? Unterschätze unsere Anziehungskraft nicht. In der Weihnachtsszeit deuten alle Kompassnadeln auf uns!“ Klaas versuchte seine Rentiere zu beruhigen, die ungeduldig mit den Hufen scharrten.

„Gute Reise!“, rief Rufus und winkte.

Er winkte noch, als der Schlitten gedankenschnell am Horizont verschwunden war.

„Geht es mit dem Flugwetter klar?“, erkundigte sich Rufus, als er endlich an der Reihe war.

„Alles geregelt“, sagte der Einsatzleiter. „Habe gehört, du erledigst die Aufträge für Nickel?“

„Das habe ich versprochen!“, sagte Rufus.

„Mächtig nett von dir. Du findest alle Anweisungen im Ballonkorb.“

„Danke“, sagte Rufus und setzte die Fliegermütze auf.

Dann wurde er mit einem Motorschlitten zu seinem Ballon gebracht, der draußen auf einem großen Schneefeld startklar gemacht wurde …

24. Gute Reise, Rufus Luft!

Nickel hielt es trotz Fieber im Bett nicht aus. Er wickelte sich in eine Wolldecke und schleppte sich ans Fenster. Von da aus konnte er den Startplatz auf der gegenüberliegenden Seite des Tales beobachten.

Dort wölbte sich jetzt unübersehbar groß die bunte Hülle eines Ballons in die Höhe. Praller und praller wurde sie.

Schließlich löste sich der Ballon langsam vom weißen Grund und stieg in den blauen Mittagshimmel hinauf.

Nickel griff nach seinem Fernglas. Jetzt konnte er Rufus ganz deutlich erkennen. Und der Ballon sah großartig aus. Der Korb war über und über mit Päckchen beladen. Was nicht hineinpasste, hing als Ballast über den Korbrand.

„Gute Reise, Rufus Luft!", rief Nickel. „Und frohe Weihnachten!" Dann kroch er in sein Bett, um seine Grippe auszukurieren. Seine Augen waren feucht. Vom Schnupfen und von Traurigkeit. Aber dann schob er alle trüben Gedanken beiseite und half seinem Freund Rufus den richtigen Weg zu finden – mit der Kraft seiner Gedanken.